하나님과
행복한 동행

이 소중한책을

특별히 ________________님께

드립니다.

복음과 믿음 생활의 기본 요소 안내

하나님과 행복한 동행

최하중 지음

나침반

복음과 믿음의 기본 요소들

우리가 이 땅에 살아가며 나의 의지대로 이루어지는 것이 얼마나 될까? 그것은 지극히 일부분임을 알 수 있다. 내가 태어난 국가, 나의 부모, 나의 피부색… 많은 것이 나의 의지와 상관없이 이루어지는 것에서 내 삶의 주인은 내가 아닌 누군가에 의해서 살아진다는 생각을 가지게 한다.

나는 울산 감리교회에서 처음 약 3년은 청년부 그 후 새가족부 양육 팀장으로 확신반을 여럿이 함께 인도하였으며 그 후 장로 임직을 받으며 지금은 선교 4부(전도대, 새가족부, 특수선교)에서 주님을 섬기고 있는 직장인 평신도이다. 평범한 직장인 일반 성도로서 나의 체험의 글이지만 책을 쓴다는 것이 엄두가 나지 않는 일이었으나 시간이 허락되는 대로 조금씩 정리하였다. 책을 쓸 수 있는 환경을 주신 하나님께 감사드린다.

나의 신앙 소개는 이 책 5장으로 대신하며 책을 쓰게된 계기에 대하여 짧은 나눔을 갖는다.

나는 1999년 경북 봉화지역의 물야교회에서 처음으로 청년들과 함께 계획하여 가졌던 청년부 여름신앙수련회를 무척 의미 있었던 좋은 추억으로 기억하고 있다.

우리들은 낮에는 농촌 일손을 도왔으며 저녁에는 마을 어른들을 초청하여 위안의 시간을 가진 후 전도지로 복음을 전하였다.

나는 먼 곳에 살고 있는 분들을 야간에 차로 모셔다 드리며 '교회에 나올 환경이 어려운 분들에게 전도지와 함께 설명된 책을 드린다면 믿음의 시작에 도움이 되겠다'는 아쉬움을 처음 느끼게 되었다.

그 후 신앙생활을 하며 또 사회생활 속에서도 이러한 아쉬움과 필요를 늘 우리의 주변에서 보던 중 교회 새 가족교사 모임에서 각자 할 수 있는 부분을 정리하여 나누는 기회를 가지며 그 모임에서 복음과 기초과정을 준비한 것이 이 책을 쓰기 시작한 계기가 되었다.

나의 체험의 글이지만 평범한 우리들이 주님을 만나고 알아가는 과정에서 모든 이에게 적용 가능한 '우리들의 신앙 이야기'라고 생각한다. 이 책을 통하여 아직 하나님을 모르는 분들에게는 믿음의 필요를 이해하고 느껴 스스로 교회를 찾는 계기가 되기를 바란다. 그리고 초신자들의 믿음의 시작에 작은 도움을 주기 위하여 우리에게 친숙한 전도지와 신앙자료를 참고하였으며 나의 신앙생활 속에서 가졌던 축복의 체험을 기록하였다.

이 책은 '복음과 기본적인 믿음의 요소'들로서 교회에 다니시는 분들은 이미 알고 있는 내용들이다. 교회에 다니시는 분들에게는 주님과의 처음 만남의 첫사랑을 돌아보는 시간이 되길 바라며 우리도 누군가로부터 하나님의 사랑을 알게 되었듯 주변에 아직 하나님을 모르는 분들과 책을 나누며 작은 사랑이 전해지는 바람 또한 갖는다.

부족한 글을 다듬어 주시고 빛을 보게 해준 나침반 출판사에 감사하고 여기까지 인도하여 주신 주님께 감사드린다.

최하중 장로

「작은 목자」의 길을 안내하는 책

한 크리스천 사업가가 캄보디아 오지에 학교를 건축해 주었습니다. 마을 분들이 너무나 고마워 기증자의 이름을 건물에 새기자고 했으나 그는 극구 사양하였습니다. 그러자 알지 못하는 사람이 행해준 귀한 마음을 잊지 않고자 현지인들은 학교 벽에 이렇게 새겼답니다.

"그리스도인이 만들어주다."

그렇습니다. 이 책 저자 최하중 장로님은 전문적인 저술가도 아니고 글쓰기의 달인도 아닙니다. 그저 영원한 생명을 주시고 붙들어 주시는 하나님의 은혜에 감격하고 감사하여 그 은혜를 함께 나누지 않고는 견딜 수 없어 기도하며 몇 번을 점검하여 쓰신 글입니다. 주님의 사랑을 체험한 신앙 고백입니다. 좋은 것을 나누려는 사랑의 편지입니다. 새 생명의 양육을 위한 땀입니다.

본서 '하나님과 행복한 동행'은 예수님을 영접하여 '하나님의 자녀'가 되고, 예수님의 지상명령을 순종하여 '전도자'가 되며, 예수님을 사랑하여 "내 어린 양을 먹이라!"(요 21:15)는 주님의 당부를 실천하는 '작은 목자'의 길을 안내하는 책입니다.

조선시대 문인 유한준의 글이 떠오릅니다.
"사랑하면 알게 되고, 알면 보이나니, 그때에 보이는 것은 전과 같지 않으리라."
예수님의 사랑의 포로가 된 그리스도인들은 교회에 처음 나온 새 가족이 보이게 되고, 다가가게 되며, 친구로 동행하게 됩니다.

새 가족을 향한 저자의 뜨거운 마음과 깊은 사랑을 공감하며 주님께서 이 책을 읽는 모든 분들에게 동일한 감동을 주실 것을 기도합니다. 마지막으로 개신교 선교의 아버지로 불리는 윌리엄 캐리 인도 선교사의 유언을 나눕니다.

"내가 죽거든
캐리에 대해서는 아무것도 말하지 말라.
캐리의 구주에 대해서만 말하라."

기독교대한감리회 울산교회
담임 목사 최인하

차례

제2장 # 주님과의 새 출발

제3장 하나님과 행복한 동행

제4장 **사람을 향한 마음**

제5장 **내가 만난 예수님**

복음, 하나님과의 사랑

복음, 하나님의 사랑

호주 시드니에 사는 프랭크 제너는 매일 같은 시간마다 거리에서 노방전도를 했다. 그러나 무려 40년 동안 전도를 했지만 자신의 눈으로 회심한 사람을 단 한명도 볼 수는 없었다.

영국의 프랜시스 딕슨 목사님은 런던의 여러 교회에서 집회를 하다 호주의 한 노인으로부터 전도를 받고 신앙생활을 한 여러 사람의 간증을 듣게 됐다. 호기심에 그 노인이 누구인지 찾아본 목사님은 직접 시드니로 날아와 제너를 만났고, 제너의 전도가 먼 런던에까지 열매를 맺었다는 사실을 전했다.

이 소식을 듣고 2주 뒤 제너는 세상을 떠났는데, 추후에 알려진 바에 의하면 제너를 통해 복음을 믿은 사람들은 최대 10만 명에서 최소 수만 명 이상이라고 한다.

제너는 복음을 전할 때 딱 2가지 질문을 던졌다.
"선생님, 구원 받으셨습니까?"

"만약 오늘 죽는다면 천국에 갈 수 있습니까?"

진리를 향한 질문은 사람의 인생을 바꾼다.

나는 청년의 때 광주에서 기초군사교육을 받던 기간 중 네비게 이토 선교회의 한 사람으로부터 '하나님의 선물인 영생'이라는 소책자를 함께 읽으며 전도를 받게 되었다. 설명을 들으며 2000년 전 중동의 작은 땅에서 태어난 이스라엘 사람의 죽음이 도대체 나와 무슨 상관이 있는지 이해할 수는 없었지만 무언가에 끌리듯이 내 마음이 움직였고 나는 예수님을 믿겠다고 고백했다. 복음을 전해 준 사람의 영접 기도를 따라하며 남을 위해 십자가에서 자기 목숨을 버린 예수가 도대체 누구인지 알아보자는 마음을 먹은 것이 예수님과 나와의 첫 만남이었다.

천지창조와 예수님의 죽음과 부활 등 엄청난 사건에 이해되지 않는 내용이 많았다. 그럼에도 유독 내 마음에 남아 그 후의 군생활 속에서도 곱씹게 되던 질문이 있었다.

"사람들은 고작 자기 한 사람만 행복하기 위해 평생을 수고하고 지내다가 결국은 죽습니다. 이것이 정말 인생의 전부입니까? 사람들은 돈, 명예, 학문, 쾌락 등을 통해서 행복하고 의미 있는 생활을 누리고자 합니다. 그러나 이 모든 것을 가진 사람들도 여전히 공허하며 만족하지 못한 것을 봅니다. 왜 그럴까요?"

복음이 잘 이해가 되지 않았음에도 영접 기도를 따라 드렸던 것은 아마도 이 질문 때문이었던 것 같다.

'정말 인생이 이것이 전부일까? 이렇게 끝난다면 너무 허무하지 않은가?'라는 생각과 '어딘가에는 답이 있을 것이다'라고 느껴졌다.

그 질문의 답을 찾기 위해 조금씩 기독교에 관심을 가지게 되었다. 신앙서적도 읽고 주변의 신앙인들과 대화도 나누며 나의 신앙은 조금씩 성장했고 좋은 친구에서 평생을 함께할 믿음이 좋은 반려자도 맞으며 한 가지 질문에서 시작한 신앙생활은 차츰 단단한 믿음으로 성장해 갔다.

물론 책을 통해 이렇게 고백하는 나도 인간의 존재에 대한 근원적인 궁금증을 가지면서도 바쁘게 하루를 산다는 핑계로 눈앞의 만족과 행복만을 쫓을 때가 많았다. 하물며 이 질문이 가슴에 없는 사람이라면 하나님으로 채워야할 마음의 빈 공간을 세상의 즐거움과 쾌락으로 채우려는 허무한 시도만을 반복하다 인생을 마치지 않겠는가?

인생은 한 번뿐이며 절대로 뒤돌릴 수 없다.

전역을 하며 새로이 시작한 성경공부 교재 첫 장의 한 질문이 지금도 생생하게 기억이 난다.

"인생을 흔히 열차를 타고 여행하는 것에 비유하기도 합니다. 그렇다면 우리가 하고 있는 여행의 목적은 무엇이며 우리는 어디서 와서 어디로 가는 것입니까?"

　현대의 과학과 문화는 불과 몇 년 전과도 비교할 수 없을 정도로 비약적으로 발전하고 있다. 앞으로 이 격차는 더더욱 커질 것이다. 그러나 아무리 과학이 발전하고 문화가 융성해져도 이 질문에 답을 줄 수는 없을 것이다. 인류 역사를 통틀어 우리가 어디서 왔고 어디로 간다고 분명히 답을 제시한 사람은 단 한 명도 없었기 때문이다. 예수 그리스도가 이 땅에 오시기 전까지는 말이다.

　예수님은 이렇게 말씀하셨다.

"내가 아버지께로 나와서 세상에 왔고 다시 세상을 떠나 아버지께로 가노라"– 요한복음 16:28

　예수님은 인간의 가장 오래된 질문이며 사람의 상식과 이론을 초월하는 이 질문에 유일한 답을 주셨다. 예수님의 이 답을 조금 더 제대로 이해하기 위해서는 죄의 근원이 왜 생겼는지에 대한 성경의 설명을 들어야 한다. 전도지와 신앙서적 그리고 지금까지의 신앙생활에서 배우며 체험한 것을 참조하여 정리하면 다음과 같다.

1. 하나님의 계획을 알자!

1-1. 아름다운 창조이다.

창세기 1장과 2장에는 하나님이 우주만물을 창조하신 후 하나님의 형상대로 남자와 여자를 지으시고 그 첫 사람을 아담이라 하셨다고 나와 있다. 나는 성경공부를 통하여 하나님은 사람을 죄 없는 존재로 만드셨으며 사람에게 옳은 것과 그른 것, 선한 것과 악한 것을 선택할 수 있는 자유의지를 주셨다는 것과 하나님의 형상으로 창조된 인간의 독특성에 대하여 알 수 있었다.

다른 창조물과는 달리 인간만이 무한한 창조성과 독창적인 개성이 있으며, 내가 누구인지, 어디로 와서 어디로 가는지를 고민할 능력과 도덕적 본성인 양심이 있고, 영원을 사모하는 영적인 본성을 가지고 있다. 하나님이 지으신 우리 몸 또한 신비롭고 기묘할 뿐이다.

"주께서 내 내장을 지으시며 나의 모태에서 나를 만드셨나이다 내가 주께 감사하옴은 나를 지으심이 심히 기묘하심이라 주께서 하시는 일이 기이함을 내 영혼이 잘 아나이다" – 시편 139:13,14

'좋은 성경'은 하나님의 창조에 사랑이 깃들어있다고 표현했다. "화가가 캔버스에 그림을 그리듯 하나님도 넓디넓은 우주 공간에 천지창조라는 멋진 작품을 내셨다. 캄캄하고 공허한 무의 상태에서 아름답고 질서 있는 유의 상태를 만든 불후의 명작이다. 무엇보다 천지창조라는 하나님의 작품 속에는 하나님의 크신 사랑이 깃들어 있다. 그것은 '사랑의 창조'였다."

성경은 많은 곳에서 창조의 아름다움을 선포하고 찬양한다(시 8:1-9, 히 3:4, 욥 38:1-41, 시 89:11).

하나님을 알든 모르든, 인정하든 인정하지 않든 인간은 자연을 보며 경이로움과 행복감을 느낀다. 붉게 솟아나는 태양이며, 아름다운 석양, 들의 꽃을… 너무 크지도 그리 작지도 않게 아름다운 형형색색으로 조화를 이루는 만물들… 하나님이 창조하신 자연은 아무리 보아도 질리지 않고 많은 것을 느끼게 한다. 이 자연은 하나님의 사랑이 담긴 우릴 위한 창조물이기 때문이다.

하나님의 완벽하신 설계와 능력이 아니면 이 수많은 우주의 별들과 우리가 살고 있는 지구는 질서를 유지하지 못하고 벌써 멸망했을 것이다.

지구가 총알보다 9배나 빠른 속도로 도는 것은 이유가 있으며 그렇지 않으면 공전이 불가능하다. 태양 역시 은하계를 돌기 위해 지구보다 9배나 빠른 속도로 돌고 있다. 이 모든 조화가 저절로 이루어질 수 있던 일인가? 어떻게 생각해봐도 모든 것을 가능게 한 절대자, 즉 창조주 하나님의 존재를 인정하지 않을 수 없다.

1-2. 지으신 목적이 있다.

그렇다면 하나님께서 이처럼 아름다운 우주를 창조하시고 사람을 지으신 목적은 무엇일까? 릭 워렌 목사님은 '목적이 이끄는 삶'에서

"우주창조의 궁극적인 목적은 하나님의 영광을 보여주기 위한 것이다. 현미경으로만 볼 수 있는 작은 생물체에서부터 거대한 은하수에 이르기까지 태양과 별, 바람과 계절 등 모든 피조물들은 창조자의 영광을 나타낸다. 하나님이 만드신 모든 것이 어떠한 모양으로든 그 분의 영광을 나타낸다.

사과가 탐스럽게 익어가고 포도송이가 맛있고 풍성한 열매를 맺으며 태양과 별들이 항상 그 위치에서 빛을 발하고 움직일 때 그것을 만드신 창조주에게 영광을 돌리게 된다. 새들이 날고 노래 부르고 집을 짓고 하나님이 뜻하신 새로운 활동을 통해 하나님께 영광을 돌린다"라고 썼다.
인간뿐 아니라 모든 우주의 창조 목적이 하나님의 영광을 드러내기 위해서 임을 이해할 수 있다.

마찬가지로 사람은 하나님께서 만드신 목적을 이루어 갈 때 하나님께 영광을 올려드리며 인생의 의미를 찾게 된다.

"네 백성이 다 의롭게 되어 영원히 땅을 차지하리니 그들은 내가심

은 가지요 내가 손으로 만든 것으로서 나의 영광을 나타낼 것인즉"
– 이사야 60:21

"만물이 그에게서 창조되되 하늘과 땅에서 보이는 것들과 보이지
않는 것들과 혹은 왕권들이나 주권들이나 통치자들이나 권세들이
나 만물이 다 그로 말미암고 그를 위하여 창조되었고"– 골로새서
1:16

"하늘이 하나님의 영광을 선포하고 궁창이 그의 손으로 하신 일을
나타내는도다"– 시편 19:1

"이는 만물이 주에게서 나오고 주로 말미암고 주에게로 돌아감이라
그에게 영광이 세세에 있을지어다 아멘"– 로마서 11:36

나를 창조하신 하나님의 크신 계획을 다 알 수 없지만 우리에게
주신 성경 말씀을 통해 하나님께서는 우리 인간을 하나님과 같은
영적인 존재로 창조하셨고 하나님과 인격적인 관계를 맺고 사랑
의 교제를 할 수 있음을 알 수 있다. 이 목적을 바르게 따라 살아갈
때 하나님은 우리를 통해 영광을 받으시고 우리는 세상의 것으로
는 느낄 수 없는 참된 행복을 누린다. 결국 내 삶의 목적은 하나님
이 나를 지으신 목적을 충족시켜 드리는 것이며 하나님을 즐거워
하며 영화롭게 하는데 있다고 말할 수 있다.

"내 이름으로 불려지는 모든 자 곧 내가 내 영광을 위하여 창조한 자

를 오게 하라 그를 내가 지었고 그를 내가 만들었느니라" - 이사야 43:7

"이 백성은 내가 나를 위하여 지었나니 나를 찬송하게 하려 함이니라" - 이사야 43:21

"우리는 그가 만드신 바라 그리스도 예수 안에서 선한 일을 위하여 지으심을 받은 자니 이 일은 하나님이 전에 예비하사 우리로 그 가운데서 행하게 하려 하심이니라" - 에베소서 2:10

1-3. 풍성한 삶을 주신다.

아담과 하와는 에덴동산에서 완전한 조화와 창조의 질서를 누릴 수가 있었다. 하나님과 관계하며 모든 것을 풍성히 누리는 이들에게는 부족한 것이 하나도 없었다. 에덴의 히브리어 어원인 '기쁨의 동산'이라는 단어처럼 그곳에서의 삶은 완벽했다.

"여호와 하나님이 동방의 에덴에 동산을 창설하시고 그 지으신 사람을 거기 두시고 여호와 하나님이 그 땅에서 보기에 아름답고 먹기에 좋은 나무가 나게 하시니 동산 가운데에는 생명나무와 선악을 알게 하는 나무도 있더라" - 창세기 2:8-9

1-4. 하나님께서 명령하셨다.

하나님은 사람에게 에덴동산을 다스리고 관리하는 책임도 주시며 동산의 모든 나무의 실과는 먹어도 되지만 선악을 알게 하는 나무의 열매는 먹으면 죽기에 금하셨다. 하나님은 인간에게 책임과 특권도 주셨지만 금지하는 명령도 주셨다. 이것은 모든 것이 완벽했던 에덴동산에서나 지금의 세상에서나 마찬가지다.

"여호와 하나님이 그 사람을 이끌어 에덴동산에 두사 그것을 다스리며 지키게 하시고 여호와 하나님이 그 사람에게 명하여 가라사대 동산 각종 나무의 실과는 네가 임의로 먹되 선악을 알게 하는 나무의 실과는 먹지 말라 네가 먹는 날에는 정녕 죽으리라" - 창세기 2:15-17

1-5. 자유의지를 주셨다.

그렇다면 하나님은 왜 에덴동산에 선악과를 만들어 먹으면 죽도록 하셨을까? 하나님을 믿는 사람들뿐 아니라 누구나 창세기를 읽으며 이런 의문을 가졌을 것이다. 이 부분에 대하여 목사님은 '전도' 메시지에서 "성경에 그 이유를 설명하지 않으므로 알 수는 없지만 우리의 이성으로 두 가지 정도의 그 이유를 생각해 볼 수 있다"라고 하셨다.

●첫째, 질서의 문제이다.

하나님은 질서의 하나님이시다. 한 국가의 질서를 위하여 수많은 법조항이 있듯이 하나님은 에덴동산의 질서를 유지하기 위하여 단 한 가지의 법을 만드셨다고 보는 것이다.

●둘째, 순종의 문제이다.

하나님은 인간을 로봇처럼 창조해서 본능적으로 하나님을 섬기며 살아갈 수 있도록 만들 수 있으셨다. 그러나 하나님은 그런 기계적인 인간을 원하시지 않으셨고 스스로 하나님께 순종하며 하나님과 교제를 즐기며 참된 행복을 알아가는 관계를 원하셨다. 선악과는 하나님을 향한 순종의 표시라고 보는 것이다.

한 예화에서 만약 한 남성이 자기가 좋아하는 여자를 얻기 위한 방법으로 그 여자를 무인도로 데려가 어쩔 수 없이 자기를 선택하게 하는 방법과 다른 하나는 그녀에게 끝임 없는 러브레터와 자주 만나며 신뢰를 주므로 그 여자가 스스로 이 남자를 위해 인생을 맡길 수 있다고 믿게 하는 방법이 있다면?이라는 질문에 "무인도요?"라고 물으셔서 모두가 웃었던 기억이 있다.

빌더 슈미트 목사님은 이 문제에 대하여 이렇게 설명하였다. "신랑 되신 하나님은 우리에게 구애하셨고 그의 신부인 이 땅의 사람들의 사랑을 얻고 싶어 하신다. 하나님은 예수 그리스도로 이 땅에 오셔서 사람이 되시고 예수님은 우리를 위해 목숨을 버리시며 사랑을 구애 하셨다. 이것은 하나님이 사람을 높게 여기시는 것을 보여준다. 이것은 또한 힘이 아니라 미련한 설교(전도)를 통해 사람을 부르시며 찾으시는 이유이다.

하나님은 하늘세계와 이 땅에서도 최상의 것으로 창조하셨다. 이것의 실현을 위해 진정한 자유를 보장하셨다. 아담과 이브와 인류가 무슨 일을 할 것인가를 하나님이 예견할 수 있다 해서 하나님이 그에 대한 책임이 반드시 있는 것은 아니다. 이는 그들에게 자유의지를 주셨기 때문이다."

"성경은 하나님의 선택과 사람의 자유의지를 보여준다. 선택은 하나님 편에서의 일이고 자유의지는 사람 편에서의 일이다. 선택하는 자들은 다 구원받고자하는 사람들이고 선택받지 못한 사람들은 다 구원받고자 하지 않는 사람들이다." - 킹 제임스 스터디 바이블 성경사전

2. 죄를 지었다.

아름답고 평화로운 에덴동산에서의 삶이었지만 이느 날 이 모든 것을 사라지게 만든 사건이 일어났다. 아담과 하와가 하나님이 금하신 선악과를 따먹은 것이다. 아담과 하와는 하나님의 명령을 거역하고 뱀의 간교에 속아 불순종을 선택했다. 인류의 조상 아담과 하와는 부끄러운 불순종의 죄를 지어 하나님의 사랑과 완벽한 계획을 풍성히 누릴 수 있는 에덴동산을 잃었다.

"그런데 뱀은 여호와 하나님이 지으신 들짐승 중에 가장 간교하니라 뱀이 여자에게 물어 이르되 하나님이 참으로 너희에게 동산 모든 나무의 열매를 먹지 말라 하시더냐 여자가 뱀에게 말하되 동산 나무의 열매를 우리가 먹을 수 있으나 동산 중앙에 있는 나무의 열매는 하나님의 말씀에 너희는 먹지도 말고 만지지도 말라 너희가 죽을까 하노라 하셨느니라 뱀이 여자에게 이르되 너희가 결코 죽지 아니하리라 너희가 그것을 먹는 날에는 너희 눈이 밝아져 하나님과 같이 되어 선악을 알 줄 하나님이 아심이니라 여자가 그 나무를 본즉 먹음직도 하고 보암직도 하고 지혜롭게 할 만큼 탐스럽기도 한 나무인지라 여자가 그 열매를 따먹고 자기와 함께 있는 남편에게도 주매 그도 먹은지라 이에 그들의 눈이 밝아져 자기들이 벗은 줄을 알고 무화과나무 잎을 엮어 치마로 삼았더라"– 창세기 3:1-7

이 사건으로 사람과 창조주 사이에 죄가 들어와 단절됐으며 더 이상 온전한 축복을 누릴 수 없게 됐다. 로마서에 나온 것처럼 아담 한 사람으로 말미암아 죄가 세상에 들어왔으며, 최초의 인류 아담 이후 모든 후손 역시 죄성을 가지고 태어나며 죄 가운데 살게 되고, 죄를 지을 수밖에 없는 존재가 되었다.

"모든 사람이 죄를 범하였으매 하나님의 영광에 이르지 못하더니"– 로마서 3:23(시 51:5, 엡 2:3, 사 59:2)

이 말씀은 왜 우리가 죽음과 불행이 공존하는 삶을 살아야 하며, 또한 죄라는 절대로 넘을 수 없는 장벽을 하나님과의 사이에 두게 되었는지를 설명한다. 아담 이후 모든 인류는 죄의 속성을 가진 채로 태어나기 때문에 예수 그리스도를 믿지 않고서는 결코 구원받을 수가 없다.

"예수께서 가라사대 네 마음을 다하고 목숨을 다하고 뜻을 다하여 주 너의 하나님을 사랑하라 하셨으니. 이것이 크고 첫째 되는 계명이요. 둘째는 그와 같으니 네 이웃을 네 몸과 같이 사랑하라 하셨으니"- 마태복음 22:37-39

믿지 않는 사람들은 이런 내용을 들을 때마다 자기는 죄를 지은 적이 없는 선량한 시민이라고 강변한다. 하지만 성경이 말하는 죄는 단순히 법을 어겨 감옥에 들어가는 것만 말하는 것이 아니다. 한국에서의 죄가 다른 나라에서는 죄가 아닐 수 있지만 하나님의 법에 따르면 모든 사람은 단 한 명의 예외도 없이 죄인이다. 우리의 삶이 바로 이것을 증명하고 있다. 죄의 문제가 해결되지 않은 사람은 참된 행복과 평안, 사망의 공포를 벗어나지 못한다. 일시적인 행복과 평안을 누릴 수 있을지언정 잠깐의 즐거움이 사라지면 다시 죄로 인해 좀먹는 삶을 살게 된다. 모든 인간을 불행하게 만들고 비참한 죽음에 이르게 하는 것이 바로 이 죄이기 때문이다.

'전도폭발'을 쓴 제임스 케네디 목사님은 "죄가 단순히 강도나 살인, 도적질에 대한 것이 아니라 이웃을 사랑하지 않고 부모를 공경하지 않는 것처럼 해야 할 일을 하지 않는 것도 역시 죄"라고 하고 있다. 또한 "우리는 하루에도 수십 번씩 생각과 말과 행동으로 무수히 많은 죄를 짓고 산다. 그러나 그 모든 것과도 비교할 수 없는 죄는 창조주이신 하나님을 믿지 못하고, 구원자로 오신 예수님을 외면하는 것이다"라고 했다.

"입에서 나오는 것들은 마음에서 나오나니 이것이야말로 사람을 더럽게 하느니 마음에서 나오는 것은 악한 생각과 살인과 간음과 음란과 도둑질과 거짓 증언 비방이니" - 마태복음 15:18-19(마 23:27, 막 7:20-23, 요 16:9, 롬 1:28-32, 요일 1:8, 사 53:6)

3. 죄의 결과를 알라.

3-1. 심판받는다.

기독교는 100년 안에 망할 것이라는 말을 입에 달고 살았던 시대의 지성 볼테르는 정작 죽을 때가 되자 두려움에 제정신이 아니었다.

그러나 19세기 최고의 부흥사 드와이트 무디는 죽음에 대해서 이렇게 말했다.

"신문에 무디가 죽었다는 기사가 나와도 여러분 절대로 믿지 마십시오. 나는 죽은 것이 아니라 천국에서 더 큰 행복을 누리고 있을 것이 분명하기 때문입니다."

우리는 죽음 앞에 어떤 모습일까? 당장 내일 죽는다 하더라도 담대하게 오늘 할 일을 하며 담대할 수 있을까?

세상에서 아무리 장수하고, 성공하고, 뛰어난 업적을 남긴 사람이라 하더라도 모든 사람은 결국 죽는다. 죽기 전까지 우리는 죽음을 경험하지 못하지만 결국 모든 사람은 죽음을 피할 수 없다는 사실을 부인할 수는 없다.

어떤 사람들은 죽으면 모든 것이 끝이라고 생각을 하고, 어떤 사람들은 죽음 뒤의 또 다른 삶이 기다리고 있다고 생각을 한다. 또 어떤 사람들은 지금 살아가는 이 세상이 환상이며 죽음은 그 환상에서 깨는 현상이라고 말하기도 한다. 그러나 성경은 죽음은 죄로 인한 결과이며 우리의 바람대로가 아니라 하나님이 정하신 심판을 모든 인간은 받게 된다고 분명히 말하고 있다.

"한 번 죽는 것은 사람에게 정하신 것이요 그 후에는 심판이 있으리니" - 히브리서 9:27

공의의 하나님은 죄를 결코 간과할 수 없으시기 때문에 죄를 해결하지 못한 우리의 앞길에는 무시운 형벌이 기다리고 있을 뿐이다. 죄는 이 땅에서 우리를 불행하게 할 뿐만 아니라 죽어서도 심판의 형벌로 하나님과 영원한 분리에 이르게 한다.

지구상의 모든 인간은 이 땅에서 작은 죄이든 큰 죄이든 죄를 짓고 그 죄로 말미암아 받게되는 결과는 죽어서 심판을 받는 것이다.

공의롭고 완전하신 하나님은 인간의 작은 죄도 묵과할 수 없기 때문이다(시 5:4-6).

3-2. 심판은 사망 곧 지옥이다.

어떤 사람들은 이렇게 물을 수도 있다.

"평생 남을 위해 헌신하는 사람들도 결국 지옥에 간단 말인가?"

선하고, 악하고의 기준은 결국 사람의 판단일 뿐이다. 완전하신 하나님의 기준에 모든 사람은 악인이며 죄인이다. 물가에 나가 아무 돌이나 던져보라. 작은 돌이나 큰 돌이나 가라앉기는 매한가지다. 마찬가지로 하나님의 완벽한 기준을 통과할 수 있는 선한 사람은 세상에 단 한 명도 없다. 이 죄를 결코 해결할 수 없기에 세상에서의 삶이 어떠하든 누구나 할 것 없이 죽음 뒤 심판을 통해 영원한 사망의 길에 들어갈 수밖에 없다. 죄의 삯은 사망이기 때문이다.

"죄의 삯은 사망이요 하나님의 은사는 그리스도 예수 우리 주 안에 있는 영생이니라" - 로마서 6:23

죽음에는 사고나 질병, 노환으로 죽는 육체적 죽음과 나의 허물과 죄로 하나님과 교제할 수 없게 되는 영적인 죽음이 있다. 영적인 죽음을 해결하지 못하는 인간은 결국 육체적 죽음 뒤에 둘째 사망에 이르게 된다. 세상에서 어떤 삶을 살든가 죽음 뒤의 결과가 심판이라면 어떤 인생을 살든지 절망 가운데 있지 않겠는가? 이것이 죄의 문제를 해결하지 못한 모든 인간들의 궁극적인 문제 이다.

> "그러나 두려워하는 자들과 믿지 아니하는 자들과 흉악한 자들과 살인자들과 행음자들과 술객들과 우상 숭배자들과 모든 거짓말하는 자들은 불과 유황으로 타는 못에 참여하리니 이것이 둘째 사망이라" – 요한계시록 21:8(계 20:12)

4. 인간의 노력으로 구원받지 못한다.

이런 죄와 죽음의 문제는 모든 인간의 고민이었기에 역사적으로 수많은 다른 종교와 철학자들의 주요 문제였으며 또 나름의 해답을 내놓기도 했다. 그러나 그 해답과 종교 중 진정으로 이런 문제들을 해결할 수 있는 정답은 없었다. 성경은 그 이유로 인간의 힘으로는 하나님의 의의 수준에 도저히 이를 수 없기 때문이라고 말한다. '선행, 도덕, 교육, 철학, 종교의식…' 이와 같은 것으로는 기록한 하나님께로 나아가는 것이 불가능하다.

> "다른 이로써는 구원을 받을 수 없나니 천하 사람 중에 구원을 받을 만한 다른 이름을 우리에게 주신 일이 없음이라 하였더라" – 사도행전 4:12(딛 3:5, 갈 2:16, 사 64:6, 렘 17:9, 잠언 14:12, 엡 2:8-9)

인간의 고결함과 의로움이라 하는 것은 어디까지나 인간의 시
선으로 바라봤을 때만이 의미가 있으며 하나님의 기준으로 볼 때
는 더러운 옷과 같다. 방을 제 아무리 깨끗이 청소해도 한 줄기 빛
만 비추면 수 없이 떠다니는 먼지가 보이듯 인간이 아무리 노력해
서 사람들에게 의롭다 함을 인정받아도 거룩한 하나님 앞에서면
추하고 더러운 속마음이 낱낱이 드러난다.

그 어느 것도 우리를 구원해 주지 못하며 우리가 찾는 참 행복
의 길을 제시해 주지 못한다. 그 어느 누구도 하나님의 완전하신
기준에는 도달할 수 없다. 무슨 큰 죄를 저지르지 않았더라도 우
리는 온전히 선하지 못하기 때문이다.

인간이 자기의 노력으로 선해질 수 있고 구원받을 수 있다면 필
연적으로 구원받지 못하는 사람들이 생긴다. 몸이 불편하고, 뇌에
이상이 있는 장애인들도 그렇고, 교육을 제대로 받지 못하거나 어
려운 환경에서 태어난 사람들도 그렇다. 모든 사람이 구원받기 위
해서는 다른 조건이 필요하다. 은혜, 모든 사람이 믿기만 하면 받
을 수 있는 전지전능한 하나님의 놀라운 사랑 말이다.

"너희는 그 은혜에 의하여 믿음으로 말미암아 구원을 받았으니 이
것은 너희에게서 난 것이 아니요 하나님의 선물이라 행위에서 난
것이 아니니 이는 누구든지 자랑하지 못하게 함이라" - 에베소서
2:8-9

하나님의 놀라운 사랑인 은혜를 이해하지 못하는 사람은 "자기가 만든 피조물들을 왜 멋대로 잘못되게 만들었다가 다시 구원하느냐"고 묻는다. 하지만 지금 우리가 지은 세상을 하나님이, 혹은 어떤 절대자가 창조했다고 생각해보자.

발을 디딜 수 있는 땅, 아름다운 자연, 때에 맞게 내리는 비와 눈, 생존에 필수적인 공기며 물 등 수많은 것들이 공짜로 주어진 은혜다. 그러나 하나님이 베푸신 은혜를 우리는 바르게 사용하지 못하고 오염시키고, 파괴시키며, 심지어 사유물로 만들어 독점까지 하려 한다. 마찬가지로 완벽한 세상을 선물 받은 최초의 인간은 자신의 실수로 죄를 짓고 모든 것을 잃었다. 그 죄는 너무나 커 인간의 노력과 행위로 되돌릴 수 없는 것이었다. 그래서 하나님은 구원이라는 선물을 주셨다. 인간의 능력으로는 도저히 해결할 수 없는 일을 독생자이신 예수님을 통해 해결해주신 것이다. 하나님은 그럴 능력이 충분히 있으신 분이며, 그만큼 나와 우리, 모든 인간들을 너무나 사랑하신다.

5. 하나님의 해결법이 있다.

5-1. 사랑이신 하나님의 구원의 손길

사랑의 하나님은 죄의 길을 가고 있는 우리를 그대로 내버려 두지 않으셨다. 하나님께서는 먼저 구원의 손길을 내밀어 십자가를 통한 해결책을 마련해 주심으로 우리에 대한 하나님의 사랑을 나타내셨다.

전지전능한 하나님은 왜 예수님을 보내야 했으며 십자가의 비참한 죽음을 당하게 하셨을까? 그리스도께서 죽으신 이유는 내 죄에 대한 삯을 치르기 위함이다. 공의의 하나님은 아무런 대가 없이 우리의 죄가 그저 사라졌다고 하실 수 없었다. 그래서 모든 인류의 죄를 해결하기 위해 사실상 유일한 해결책인 예수님을 희생시키셔야 했다. 예수님의 희생으로 죄인인 우리가 하나님과 화목해지는 기적이 가능해졌다.

마서 5:6-10(사 61:1-3)

　　예수님의 희생으로 우리와 하나님의 교제가 회복되었으며, 나와 하나님 사이에 막혀있던 죄의 담이 허물어졌다. 즉, 예수님의 십자가 승리로 우리는 자유를 얻었다.

　　"모든 것이 하나님께로서 났으며 그가 그리스도로 말미암아 우리를 자기와 화목하게 하시고 또 우리에게 화목하게 하는 직분을 주셨으니"- 고린도후서 5:18(요 1:29, 사 53:5, 롬 8:1-39)

　　그러므로 예수님을 믿는 것이 죄의 문제를 해결할 수 있는 유일한 방법이며 분리된 하나님과 다시 연결될 수 있는 유일한 다리인 것이다.

　　"예수께서 이르시되 내가 곧 길이요 진리요 생명이니 나로 말미암지 않고는 아버지께로 올 자가 없느니라 "- 요한복음 14:6

　　왜 하나님은 때때로 무서운 심판자처럼 보이면서 또 때때로 잃어버린 당자를 기다리는 사랑의 아버지처럼 보이는 것일까? 동전이 앞면과 뒷면을 가지고 있지만 하나의 동전인 것처럼 하나님도 공의와 사랑이라는 앞면과 뒷면을 가지고 계신다. 죄를 용납할 수 없는 공의의 하나님은 죄인을 벌할 수밖에 없다. 그러나 사랑의 하나님은 인간을 다시 용서하고 교제하기를 원하신다. 이 두 가지 모순을 해결하는 것이 예수님의 십자가이다.

죄의 대가는 죽음이다. 공의의 하나님은 죄를 용서할 수 없다. 그러나 사랑의 하나님은 이 죽음을 그대로 두고 볼 수 없기에 예수 그리스도를 보내 십자가의 죽음으로 인류의 죄를 대신 치르게 하셨다. 요한복음 3장 16절에 나오는 '하나님이 세상을 이처럼 사랑하사'가 나타내는 내용이 바로 이것이다.

예수님이 십자가에 달려 돌아가실 때 "나의 하나님, 나의 하나님, 어찌하여 나를 버리셨나이까?"하고 외치신 이유도 그래서이다. 우리의 모든 죄에 대한 형벌이 그때 예수님께 내려졌고, 우리의 죄를 다 짊어지신 예수님은 하나님과 단절되는 고통을 경험하셨다.

"그리스도께서도 단번에 죄를 위하여 죽으사 의인으로서 불의한 자를 대신하셨으니 이는 우리를 하나님 앞으로 인도하려 하심이라 육체로는 죽임을 당하시고 영으로는 살리심을 받으셨으니" – 베드로전서 3:18

그러나 처절한 육체적, 영적 고통의 몸부림 속에서도 예수님은 하나님의 사랑을 이해했고 순종했다. 그래서 숨을 거두시기 전 "다 이루었다"라고 말씀하실 수 있었다. 이 말은 "이제 인간의 죗값을 다 지불하였다"라는 승리의 선언이었다. 우리를 지옥과 영원한 멸망으로부터 구원하려는 예수님의 계획은 완성됐고, 우리의 죗값을 예수께서 대신 지불하셨으므로 우리는 예수님을 통해 하나님께로 나아갈 수 있게 되었다.

5-2. 예수님이 다시 사셨다.

성경에 나와 있는 더욱 놀라운 사실은 예수 그리스도께서 우리 죄를 위해 죽으셨을 뿐 아니라 또한 사흘 만에 다시 살아나셨다는 것이다.

예수님께서 십자가에서 단번에 영원한 제사를 드리심으로 모든 사람의 죄를 담당하여 주셨다. 그리고 하나님께서 예수님을 부활시키심으로 예수님의 영원한 제사를 받으셨음을 선포하셨고, 우리를 의롭다고 여기셨다. 그러므로 예수님께서 십자가에 죽으시고 부활하지 않으셨다면 죄가 그대로 있는 것이 된다. 우리 죄를 위하여 십자가에 죽으시고 부활하신 예수님이 우리의 주인 되신 것은 이 세상에서 가장 기쁜 소식이다.

“성결의 영으로는 죽은 자들 가운데서 부활하사 능력으로 하나님의 아들로 선포되셨으니 곧 우리 주 예수 그리스도시니라”- 로마서 1:4(갈 2:20, 고후 5:17, 요 3:36)

결국 그리스도인들이 말하는 복음이란 예수 그리스도께서 성경의 예인대로 우리 죄를 위하여 죽으시고 장사 지낸바 되있나가 사흘 만에 부활하셨다는 기쁜 소식을 말한다.

“내가 받은 것을 먼저 너희에게 전하였노니 이는 성경대로 그리스도께서 우리 죄를 위하여 죽으시고 . 장사 지낸 바 되셨다가 성경대로 사흘 만에 다시 살아나사”- 고린도전서 15:3-4

6. 당신은 선택해야 한다.

6-1. 영생을 얻으려면 믿어야 한다.

하나님의 사랑과 예수님의 희생, 그리고 부활의 능력으로 마침내 우리가 거룩한 하나님께 갈 수 있는 다리는 놓여졌다. 그러나 믿음으로 이 다리를 건너는 일만큼은 결코 하나님이 하실 수 없다. 반대로 이 사실을 믿기만 하면 누구나 이 다리를 건너 영생을 얻을 수 있고, 하나님이 말씀하신 축복을 누릴 수 있다.

“내가 진실로진실로 너희에게 이르노니 내 말을 듣고 또 나 보내신 이를 믿는 자는 영생을 얻었고 심판에 이르지 아니하나니 사망에서 생명으로 옮겼느니라” – 요한복음 5:24

지금까지 예수님이 죄인 된 우리를 거룩한 하나님께로 갈 수 있게 해주시는 유일한 구세주라는 것을 들었다. 이제 들은 말씀을 믿으면 영생을 얻고, 심판을 피할 수 있으며, 사망에서 생명으로 옮겨지는 세 가지의 큰 축복을 약속하셨다.

“예수께서 이르시되 내가 곧 길이요 진리요 생명이니 나로 말미암지 않고는 아버지께로 올 자가 없느니라“ – 요한복음 14:6(요 3:16, 벧전 3:18, 고전 15:3-4)

6-2. 믿음의 의미를 알아야 한다.

그렇다면 믿음은 도대체 무엇일까? 어떡해야 예수님을 믿는다고 말할 수 있을까? 성경에서 믿음은 하나님께서 선물로 주신 영생을 얻기 위해 예수 그리스도를 진심으로 의지하고 마음과 삶의 중심에 모셔들이는 것, 즉 예수님을 영접하는 것이 믿음이라고 말한다.

예수님은 이 복음을 모든 사람이 믿기를 바라신다. 또 단순히 믿을 때까지 기다리시는 것이 아니라 우리 마음을 두드리고 계신다. 절대적 진리인 성경부터, 내가 받았던 전도지까지 삶의 다양한 방법으로 하나님은 우리에게 복음의 러브레터를 끊임없이 보내고 계신다. 예수님은 우리의 마음과 삶의 자리에 들어오시길 원하시기 때문이다.

진정한 회개와 함께 예수님을 내 삶에 주님으로 모셔들인다는 마음이 중요하다. 기도문을 읽고 이해하는 것은 중요지만 단순히 소리 내어 읽었다는 것은 아무런 의미가 없다. 하나님은 우리의 마음과 생각을 보신다. 나의 죄인 된 상태와 하나님의 크신 사랑에 대한 좋은 소식에 대하여 이해하고 내가 전심으로 나의 죄를 회개하고 나의 마음에 예수님을 모셔들이고 삶의 방향을 바꾸겠다는 마음으로 다음과 같이 기도해야 한다.

"예수님,
저는 하나님 앞에서 내 죄를 인정합니다.
그러나 저의 죄를 위해 예수님께서 십자가에 죽으심으로
저의 죄를 용서하여 주심을 믿고 감사드립니다.
이제 회개하며 예수님을 내 마음으로 믿으며,
나의 구원의 주님으로 모셔들입니다.
예수님,
저에게 구원의 확신을 주시고 저를 인도하여 주옵소서.
예수님의 이름으로 기도합니다. 아멘"

정해진 영접 기도문은 없지만 진심으로 내 죄를 시인하고, 사죄에 대한 감사와, 예수님을 나의 구원의 주님으로 초청하며, 중보자 되시는 예수님의 이름으로 기도드린다면 예수님을 나의 구원의 주님으로 영접한 것이다. 이것은 진리이며 하나님의 약속이기 때문이다.

6-3. 믿음을 선택할 책임이 있다.

영국 시인 엘리엇은 "사람은 모든 일에 선택을 해야 하며 일단 선택을 했다면 그 일이 일으킬 모든 책임을 감수할 각오가 있어야 한다"고 말했다.

좋든 싫든 이 책을 통해 복음의 개요를 접한 당신 역시 이제 어느 쪽에서 영원을 보낼 것인가를 스스로 결정해야 한다. 정말로 예수님을 통해 마련된 이 죄의 문제를 믿음으로써 해결을 할 수도 있고, 또 여전히 마음을 닫고 복음을 외면한 채 얼마든지 살아갈 수도 있다.

지금 이 책을 통해 복음을 접한 사람도 마찬가지다. 만약 인생의 해답을 찾지 못해 방황하고 있다면, 끊임없는 죄의 문제를 해결할 방법을 찾고 있다면 지금 전하는 이 복음을 잠깐이라도 믿고 탐구해보길 바란다.

해결할 수 없는 죄의 짐을 지고서 절망 가운데 고통을 받으며 살다가 심판과 함께 멸망을 받겠는가? 아니면 하나님의 용서와 평안과 영생을 누리겠는가?

"아들을 믿는 자에게는 영생이 있고 아들에게 순종하지 아니하는 자는 영생을 보지 못하고 도리어 하나님의 진노가 그 위에 머물러 있느니라" - 요한복음 3:36(롬 2:4-5)

말씀은 믿는 사람이 누릴 축복과 믿지 않는 사람들이 당할 형벌에 대해서 분명히 증언하고 있다. 어느 쪽을 택할 것인지의 선택은 나 자신에게 달려있다.

"그를 믿는 자는 심판을 받지 아니하는 것이요 믿지 아니하는 자는 하나님의 독생자의 이름을 믿지 아니하므로 벌써 심판을 받은 것이니라" – 요한복음 3:18

만약 지금 조금이라도 마음에 갈등이 생기고 감동이 생긴다면 지금 당장 앞의 영접 기도문을 참고하여 예수님을 영접하기를 권한다. 당장 한치 앞의 인생을 알 수 없는 것이 사람의 인생이다. 내 인생의 쾌락과 즐거움을 조금 더 누리고 싶은 생각에 조금씩 미루다보면 우리의 영혼과 삶은 죄로 인해 좀먹고 말 것이다. 예수님을 향한 믿음은 거창한 결심이나 노력이 필요하지 않다. 이미 예수님이 우리에게 필요한 모든 일을 다 이루어놓았기 때문이다.

당신이 진심으로 마음의 문을 열고 예수 그리스도를 당신의 마음속에 모시는 기도를 드렸다면, 예수님은 지금 당신의 마음속에 들어와 계신다. 당신은 영생을 얻었으며 하나님의 자녀가 되었다. 당신의 느낌이나 감정적인 변화는 당장에 없을 수도 있지만 성경에 나와 있는 예수님의 확실한 약속을 믿으시면 된다. 이 은혜는 인종이나 개인사, 지식의 많고 적음에 관계없이 믿는 즉시 누구나 하나님 나라의 시민이요, 하나님의 자녀로 주님의 가족이 된다.

"네가 만일 네 입으로 예수를 주로 시인하며 또 하나님께서 그를 죽은 자 가운데서 살리신 것을 네 마음에 믿으면 구원을 받으리라 사람이 마음으로 믿어 의에 이르고 입으로 시인하여 구원에 이르느니라"- 로마서 10:9-10(요일 5:11-13, 고후 5:17)

7. 복음을 믿게 된 사람들 이야기

국제대학생선교회(C.C.C.) 설립자 빌 브라이트 박사가 저술한 소책자 '4영리'는 하나님과 사람사이의 영적인 원리를 간략히 설명하며 세계 수억 명의 사람들에게 새 생명을 주고 하나님께로 인도하였다. 그리고 '하나님의 선물인 영생' 소책자 전도지 역시 대학생과 일반교회에서 많이 활용되고 있다. 모두가 우리 평신도들이 복음을 전하는 것에 유용하게 활용하는 꼭 필요한 도구이다.

섬기는 교회 새신자 교사들은 처음 교회를 찾은 초신자에게 주로 이 두 가지 방법으로 예수님을 구원의 주님으로 영접하는 것을 도와주고 있다. 다양한 분들을 도와가고 있지만 여기서는 조금은 특별했던 할아버지와 시각장인과의 복음전도 이야기를 간략히 소개드린다. 단순히 원리를 설명하는 것이 아니라 실제 전하고 믿은 사례가 아직도 예수님 영접을 망설이는 사람들에게 결단할 수 있는 단초를 제공하기를 바라는 마음이다.

●사례 1 / 예수님을 영접한 할아버지
몇 년 전 전도대로부터 인도를 받아 교회를 오신 당시 74세의 할아버지가 계셨다. "교회에 나오면 되지 이 나이에 공부를 해야 하는가?"라고 하셨지만 할아버지의 어려웠던 지난 삶을 들으며 '충분히 시간을 갖고 설명하자'는 생각을 했다.

그리스도인이 되기 위해서 반드시 이해해야 하는 세 가지 사실에 대한 설명을 위하여 성경의 처음 이야기와 함께 로마서 3장 23절 말씀을 전하며 모든 사람이 죄인임을 설명하자, 할아버지는 이렇게 말했다. "나는 그렇게 생각하지 않아요. 교회 다니는 사람 중에도 나쁜 사람을 나도 참 많이 봤습니다. 사람이 남에게 폐 안 끼치고 적당히 살다 죽으면 되는 거지 왜 모두 죄인이라고 생각하며 살아야 합니까? 눈앞의 삶도 살아가기 바쁜데 죽음 이후를 왜 생각해야 되나요?"

성경 말씀을 기준했을 때 모든 사람이 죄인일 수밖에 없단 것을 좀 더 설명했을 때 할아버지는 말했다.

"맞습니다. 내가 죄인 맞아요. 9살 어린 내 아내가 25년 전 마흔이라는 젊은 나이에 간암으로 죽었어요. 내가 화투를 하며 너무 속을 썩여서 암에 걸린 게 분명해요. 아내는 내가 죽인거나 마찬가지입니다. 아내가 죽은 후에도 화투를 쳤으며 아들 둘이 있지만 애비노릇도 못했습니다. 지난날을 생각하면 잘못한 일 밖에 없어서 다시 생각하고 싶지가 않아요."

죄를 깨닫는 것은 하나님의 은혜이며 얼마든지 용서받고 구원받을 수 있다고 말씀드리며, 병든 사람에게 의사가 필요한 것처럼 죄를 아는 사람에게 예수님이 필요하기 때문이라는 설명에 할아버지는 고개를 끄덕이셨다.

다시 죄의 근원이 되는 성경의 처음 이야기를 드리자 할아버지는 "그 성경을 믿을 수 있느냐? 에덴동산을 본 사람이 있는가?" 등 많은 질문을 하셨다.

"만약 성경을 믿지 못한다면 제가 하는 모든 말은 의미가 없습니다. 성경이 진리라는 사실을 토대로 제 설명을 들으시면 이해가 되실 것입니다. 그러나 이와 별개로 성경 말씀을 신뢰하고 믿을 것인지는 앞으로 할아버지가 선택해야 할 중요한 개인적인 결단입니다."

이러한 근원적인 죄로 인하여 사람은 한 번 죽음 후 심판을 받으며 심판은 곧 영원한 둘째 사망이라는 말에 "다른 종교로는 안 되는가?"라고 말씀하셨다.

"인류는 지금까지 오랜 세월에 걸쳐 이 문제를 해결하려 했습니다. 모양은 달라도 인간은 다시 하나님께로 되돌아갈 길을 만들려고 선행, 도덕, 철학, 종교 생활 등으로 열심히 수고를 했지만 인간의 힘으로는 하나님의 의의 수준에 도저히 이를 수 없다는 것이 역사가 증명하는 내용입니다. 그런데 이 불가능한 일을 제시한 종교가 딱 하나 있었습니다. 하나님께서는 인간을 구원하시기 위하여 그 아들 예수그리스도를 이 세상에 보내셨다고 가르친 기독교가 바로 그 정답입니다. 예수님은 죄가 없는 분이셨지만 우리 죄에 대한 형벌을 대신 받으시기 위해 십자가에 달려 죽으셨다고 성경은 말하고 있습니다."

할아버지는"내 죄를 위해 예수님이 대신 죽었다는 것이 이해가 되지 않는다"고 말씀하셨다. 그러면서 조금 더 흥미가 생기셨는지 예수님이 누구인지를 물어보셨다. 예수님에 대한 설명은 날이 새도록 해도 모자라기 때문에 신앙생활 속에서 차차 알아가자고 말씀드렸다. 그리고 지금은 당장 예수님이 할아버지의 인생에 해 주실 일들을 잘 이해하는 것이 중요하다고 말씀드렸다.

"지금 당장이라도 예수님을 믿고 영접한다면 하나님에게 갈 수 있는 다리가 눈앞에 펼쳐지고 하나님의 축복의 약속을 누리게 됩니다. 그러나 외면한다면 죽음 뒤의 심판과 그 결과에 대해서도 책임을 지게 된다는 사실을 알아야 합니다."

나는 영접 기도에 대해서 설명을 드린 뒤"지금 당장도 마음의 문을 열고 예수님을 모실 수 있습니다. 이제 어디서 영원을 보낼 것인지 할아버지 스스로 결정해야 합니다. 예수님 믿고 하나님의 용서와 평안과 영생을 누리시겠습니까?"

"예수 믿고 영생 얻어야지요."

할아버지는 조금의 망설임도 없이 대답하셨다. 나는 할아버지와 함께 소책자 전도지에 있는 영접 기도문으로 기도하며 새가족 확신반 공부 1과를 마쳤다.

●사례 2 / 다음에 믿겠다고 한 시각장애인

몇 년 전 시각장애인 쉼터에 근무하는 자매의 인도로 51세의 N

씨가 새가족 공부에 오셨다. 먼저 N씨의 이야기를 들으며 유대감을 형성하려 하였다. 대화를 통해 시각장애인들이 보이지 않음에도 영화관을 가고 자연 속으로 더 가려하는 것은 그 현장에서만이 감촉과 살아있는 소리를 들을 수 있다는 이야기를 새롭게 들으며 마음을 여는 시간을 가졌다. 한 영혼이 이 자리에 오기까지 전도자의 수고를 알기에 최선을 다하자는 마음과 함께 특별히 하나님의 도우심을 바라는 시간이다.

성경 말씀을 믿고 들을 것을 말한 뒤 인간의 죄인 된 상태와 죽음 이후 심판과 영원한 둘째 죽음에 대하여 설명했을 때 N씨는 갑자기 손을 들며 "이미 우리들에게 이생은 지옥입니다. 앞이 보이지 않는 우리들은 사는 것이 너무 힘듭니다. 그런데도 우리가 죄인이며 죽어서 심판을 받아야 될 존재입니까?"라고 물었다.

이 세상에서의 삶이 힘들기 때문에 죽음 이후의 삶은 더더욱 영생을 얻을 수 있는 선택을 해야 한다는 것과 예수님은 우리에게 영원한 생명을 주실 뿐 아니라 이 땅에서도 기쁨과 의미 있는 삶으로 인도하시며 언제나 함께하시겠다는 약속을 이야기하였다. 그리고 인간의 노력과 사람의 힘으로는 구원을 받을 수 없음과 하나님의 사랑 그리고 영접 기도문의 의미를 설명 후 이제 영접시간이 되었다.

"N님, 지금도 예수님은 N님의 마음을 두드리고 계십니다. 예수님을 N님의 삶에 주님으로 받아들이시겠습니까?"

그러자 N씨는 "지금은 대답하기 어렵습니다. 믿음이 그리 쉽게 가질 수 있겠습니까? 좀 더 생각해 보겠습니다. 그리고 방금 설명한 영접 기도문을 핸드폰 메시지로 보내 줄 수 있습니까?"라고 답했다.

나는 영접 기도문을 문자로 보낸 후 그가 후에라도 예수님을 믿고 감사하는 삶, 더 나아가 하나님께 영광을 드리는 의미 있는 삶이 되기를 마음으로 기원하였다. N씨는 그 후 교회 일대일 양육자가 시각장애인 쉼터를 직접 방문하여 기초과정 전체를 마쳤다.

헬렌 켈러는 눈이 보이지 않는 것보다 미래가 보이지 않는 것이 더 답답한 일이라고 말했다. 어느 시대 누구에게도 어려움은 존재한다. 그러나 아무리 어려워도 꿈이 있다면 희망도 있다. 몸의 장애보다 꿈이 없는 것이 더 큰 장애이다. 하나님은 꿈을 가지게 하시며 그 꿈을 이룰 힘을 주신다. 하나님은 믿는 자에게 어떠한 상황에서도 감사와 기쁨으로 인도하여 주신다.

교회에서 새 가족을 돕거나 생활 속에서도 처음 믿음을 가지려는 성도들에게 많은 질문을 받게 된다.

성경은 누가 기록했는가?

성경을 믿을 수 있는가?

종파는 어떻게 생겨났는가?

신·구약 중간사와 기독교의 시작의 관계는 어떻게 되는가?

생활 속의 흡연과 음주 문제 그리고 교인과 일반인의 차이가 무엇인가? 등

어쩌면 이 책은 이 질문들에 대한 이야기이다.

역사는 예수님이 오신 전후를 경계로 B.C.와 A.D.로 나누어진다. 마찬가지로 우리의 삶도 예수님을 영접하기 전과 후로 나눠진다. 예수님이 이루신 첫 이적은 혼인잔치의 물을 포도주로 변화시키신 것이다. 제 아무리 즐거운 혼인잔치라 해도 포도주가 없으면 즐거움이 없다. 마찬가지로 아무리 행복한 인생을 산다 하더라도 예수님이 계시지 않으면 맹물처럼 밋밋한 인생을 살게 된다. 반면 예수님을 영접한 사람들은 변화된 포도주처럼 진정한 즐거움과 향기를 풍기는 생동감 있는 인생으로 변화된다.

신부인 우리가 신랑이신 예수님을 영접하면 밋밋한 물과 같은 인생이 향긋하고 단맛을 내는 포도주로 변하는 기적이 일어난다. 예수님을 영접하는 그 순간부터 아름답고 비밀스러운 새로운 삶이 시작된다.

주님과의 새 출발

주님과의 새 출발

나는 유교적인 가정에서 태어나 어린 시절부터 많은 영향을 받고 자라 예수님을 믿고 영접한 뒤에도 제대로 된 삶의 변화가 일어났다고 보기에는 부족했다. 나와는 달리 독실한 믿음의 가정에서 태어나 성장한 아내는 결혼 후 나의 이런 모습들을 보고는 '조금씩 변화되었으면…'하는 바람들을 전했다. 나 역시 노력은 했지만 변화는 생각만큼 쉽게 일어나지 않았다.

그러나 머리로 알았던 신앙이 마음으로 다가오는 순간이 있었다. 아내의 도움과 바람도 큰 역할을 했지만 무엇보다 전역을 하며 내가 스스로 예수님을 알아보자는 마음이 든 뒤부터 나의 삶은 변화됐고, 신앙도 성숙해져갔다. 예수님을 새로이 알아가며 모든 삶의 순간들이 갑자기 설레기 시작했다. 이전과 같은 날임에도 예수님을 경험하는 나날들은 매일 새로운 기대와 흥분으로 가득 차 있었다. 마치 새로운 세상을 경험하는 것 같았다.

만약 내가 스스로의 의지로 예수님을 알려고 하지 않고 주변 환경에만 기댔다면 지금도 그리스도인 흉내만 내는 무미건조한 삶을 살고 있었을 것이다. 잡초와 나쁜 습관은 내버려둬도 쑥쑥 자라난다. 인간의 이러한 본성을 막기 위해서는 좋은 습관과 신앙을 심기 위해 부단히 노력하는 수밖에 없다.

모든 일에도 기초가 중요하듯 영적인 과정도 뿌리를 내리고 세움을 입는 처음의 성장과정이 중요하다.

예수님을 영접한 하나님의 자녀들은 새로운 삶을 살아간다.

애벌레가 아름다운 나비가 되어 푸른 하늘을 자유롭게 날며 꽃들에게 희망을 주는 것과 같이 우리도 사망을 벗어날 수 없는 죄인의 몸에서 하나님의 자녀로 신분이 바뀌었다. 이제 새로운 사람, 새로운 인생, 주님과의 새로운 출발이 시작된 것이다. 죄로부터 해방되었으며 의무를 넘어 진정한 자유로움으로 사랑의 주님을 따를 수 있게 되었다.

그러나 여전히 사단의 방해가 존재하는 것 또한 사실이다. 사단은 예수님이 이 땅에 오셨을 때에도 끊임없이 시험했다. 하나님은 성경 말씀을 마음판에 새겨 사단의 유혹을 이겨내고 확신 있는 삶을 살아가기를 원하신다.

8. 성장하는 그리스도인

8-1. 구원의 즐거움을 가지라.

오래전 시골에서 있었던 일이라며 목사님께 들었던 이야기는 구원의 즐거움을 갖는 것으로 늘 기억된다.

여름 홍수로 인하여 범람한 강을 구경하기 위해 마을 사람들이 강둑에서 사납게 흐르는 강물을 보고 있을 때였다. 그때 서울에 사는 여대생이 외가에 오느라 나무로 된 다리를 조심스럽게 건너다 미끄러져 강물에 휩쓸리게 되었다.

이때 구경하던 한 남자가 즉시 강물에 뛰어들어 그를 겨우 구출하였다. 그 남자의 신분을 확인한 학생은 서울로 올라가 부모에게 자초지종을 말한 뒤 "그 남자와 결혼을 하겠다"고 하였다. 부모는 "고마움에 대해 사례를 하겠다"고 했지만 "죽은 목숨을 살려주었으니 이제 그를 위해 평생을 살겠다"는 딸의 결심을 꺾을 수 없었다는 이야기였다.

실제 인간의 힘으로 어찌할 수 없는 죄로부터의 구원받음은 무엇과도 비교할 수 없는 기쁨이다. 구원받은 하나님의 자녀는 창조주 하나님을 아버지로 부르며 언제라도 기도할 수 있으며 하나님은 나의 기도를 들어주신다. 그리고 모든 시험에서 승리를 주시며 내가 연약하여 잘못을 범할 때 자백의 기회를 주어 용서하시며 바른 교훈으로 인도하여 주신다.

창조된 인간은 죄를 지었으나 그럼에도 하나님은 다시 돌아올 기회를 주셨다. 보내신 예수님을 믿고 돌아오면 구원을 얻고 용서를 받지만 돌아오지 않는다면 하나님과 영원히 멀어져 지옥에서 후회할 수밖에 없다고 말씀하신다.

그러나 이 세상 사람들은 이 사실을 외면하며 그 절박성을 모르고 있다. 죄의 삯은 사망이다. 죽을 수밖에 없는 나를 살려주시는 것이 복음 즉, 좋은 소식이며 가장 큰 기쁨의 뉴스이다.

나는 구원을 선물로 받았지만 그 선물을 주기 위한 대가는 크다. 주님께서 나를 위해 십자가에 피 흘려주신 희생이 있었기에 나의 구원은 무엇과도 비교될 수 없다. 구원의 즐거움과 함께 구원에 대한 분명한 확신을 가지는 것은 중요하다. 이 소중한 구원을 흐리게 하고 구원에서 떠나게 하는 사탄의 계략이 있기 때문이다. 손자병법에 '지피지기면 백전백승'이라는 말이 있다. 그러나 나는 예수님을 영접한 신앙의 초기에는 적도 모르고 나 자신도 잘 몰랐다. 사단은 에덴동산에서도, 예수님의 사역 초기에도, 예수님이 십자가에 달리셨을 때에도 그리고 지금 우리에게도 여전히 속이고 시험하며 끝없는 의심으로 넘어뜨리려 하고 있다 .

예수님을 믿기로 결심한 나에게 사단은 끊임없이 "너는 예수를 영접했지만 그것만으로는 구원을 받을 수 없어"라고 속삭이며 구원을 의심하게 만들었다. 게다가 나 역시 말씀대로 살지 못하는 자신을 보며 완전을 요구하는 사단의 속임에 넘어질 수밖에 없었다. 전역을 하며 성경공부를 통하여 이러한 의심이 들 때 요한복음 5장 11-12절 말씀은 나를 보호하고 지켜주셨다.

"또 증거는 이것이니 하나님이 우리에게 영생을 주신 것과 이 생명이 그의 아들 안에 있는 그것 이니라. 아들이 있는 자에게는 생명이 있고 하나님의 아들이 없는 자에게는 생명이 없느니라" - 요한복음 5:11-12

성경은 우리가 아직 죄인 되었을 때에 그리스도께서 이미 우리를 위해 십자가에서 죽으심으로 하나님께서 우리를 향한 사랑을 확증하셨다고 말한다. 인간의 죄는 인간과 하나님 사이를 분리시키는 결과를 가져왔다. 구원은 너무나 소중한 것이므로 인간의 노력으로 얻을 수 없으며 값없이 받는 하나님의 선물이다. 하나님은 인간들을 자신에게로 돌아오게 만들려고 예수님을 십자가에서 우리 대신 죽게 만드셨고 죄인이 거룩한 하나님께로 갈 수 있는 길을 마련하여 주셨다.

예수님은 자기를 따르는 자들에게 영생을 주시며 그 무엇으로도 아버지 손에서 빼앗지 못하게 지켜주신다.

"우리가 아직 죄인 되었을 때에 그리스도께서 우리를 위하여 죽으심으로 하나님께서 우리에 대한 자기의 사랑을 확증하셨느니라" - 로마서 5:8(요 10:27-29, 고후 5:17)

8-2. 새 생명을 누리라.

오래전에 새 가족 공부를 하던 중 한 직장인 초신자가 한 질문은 오래도록 기억에 남았다. 첫날 복음을 듣고 영접 기도를 따라 한 후 "예수님을 믿었으니 이제 아무렇게나 살아도 천국 가나요?" 라고 웃으며 질문해 당황했었다. "예수님을 믿는 사람은 모두 천국에 가게 됩니다. 그러나 하나님께서 그분의 자녀들을 아무렇게나 살도록 그냥 두시겠습니까?"하며 서로 웃었던 기억이 있다.

그 질문은 구원에 대하여 좀 더 연구하는 기회가 되었다. 나는 직장인으로서 회사 일도 다 알지 못하는데 하물며 영적세계의 구원에 대해 다 알고 이해한다는 것은 당연히 어려운 것임을 인정하며 성령의 도우심을 더욱 바라는 부분이다. 분명한 이해는 구원은 웃으며 묻고 답할 성질은 아니라는 것이다.

그것은 생사의 문제이며 천국에 가냐? 못 가냐?의 한 생명이 달려있는 크고 중요한 문제이다. 온 천하를 얻고도 믿음을 떠나 내가 죽어 있고 천국에 들어갈 수 없다면 무엇이 유익할까? 예수님을 믿음으로 새 생명을 얻은 우리는 이제 주님을 내 삶에 주인으로 따라야 하는 책임도 함께 가지는 것이다. 성경은 하나님의 모든 자녀들이 믿음 안에서 성장하고 말씀에 순종하는 삶으로 인도하여 주신다.

"예수께서 비유로 여러 가지를 그들에게 말씀하여 이르시되 씨를 뿌리는 자가 뿌리러 나가서 뿌릴새 더러는 길 가에 떨어지매 새들이 와서 먹어버렸고 더러는 흙이 얕은 돌밭에 떨어지매 흙이 깊지 아니하므로 곧 싹이 나오나 해가 돋은 후에 타서 뿌리가 없으므로 말랐고 더러는 가시떨기 위에 떨어지매 가시가 자라서 기운을 막았고 더러는 좋은 땅에 떨어지매 어떤 것은 백 배, 어떤 것은 육십 배, 어떤 것은 삼십 배의 결실을 하였느니라 귀 있는 자는 들으라 하시니라" – 마태복음 13:3-9(고전 3:15, 벧후 1:5-7, 롬 8:14-17, 갈 5:22-24)

귀족 집 하인이 어느 날 양자로 입양됐다면 모든 생활이 바뀐다. 머무는 곳, 마주치는 사람들, 어쩌면 하는 일까지 비슷할 수는 있지만 신분이 바뀌었기 때문이다. 저택의 하인이었던 사람은 이제 귀족의 말과 행동, 그리고 생활을 몸에 익혀야 한다. 이처럼 종의 습성을 버리고 새로운 생활방식이 내 몸에 입혀지기까지는 변화에 대한 마음의 소원과 믿음이 있어야 한다.

사도 바울은 고린도후서 5장 17절에서 누구든지 그리스도 안에 있으면 새로운 피조물이 될 수 있다고 말했다. 하나님을 믿기 전에는 우리의 의지와 상관없이 악한 마귀에게 속한 죄의 종이었지만 믿음을 통해 우리는 하나님의 자녀가 되었다. 이제 사탄의 유혹이 아니라 성령님의 인도하심을 따라 살아가며 영적인 죽음도 극복할 새로운 생명을 얻게 됐다.

거듭남은 우리의 존재 자체가 완전히 바뀐 것이다. 이러한 변화된 사실을 느끼지 못할지도 모른다. 그러나 구원은 그런 느낌과 상관없이 이미 이루어졌다. 믿음으로 모든 것을 준비하신 하나님의 놀라운 계획이 내 삶에 이루어진 것이다.

때때로 믿는 사람들끼리도 이 구원관에 대한 견해의 차이를 느낀다. 구원이 그만큼 인생을 흔들어놓는 사건이기 때문이다. 그러나 중요한 것은 그 감격이 너무 크고 때로는 너무 덤덤하더라도 자신의 생각과 확신이 아니라 진리이신 성경 말씀을 믿고 성경 말씀에 근거하여 구원 얻음 즉 새 생명을 얻고 하나님의 자녀된 것에 확신을 가져야 한다는 것이다.

나는 전역 후 새롭게 신앙생활을 했지만 어떤 상황에서 불쑥불쑥 옛 성품이 나타나거나 자존심이 상할 때 참지 못하는 나를 보게 되었다. 그래서 나를 도와주던 믿음의 선배에게 "어떻게 내(자아)가 잘 죽을 수 있느냐?"고 웃으며 질문을 하였다. 선배는 한 목사님의 설교가 녹음된 3개의 테이프를 주었다.

이것은 "알아야 한다, 여겨야 한다, 드려야 한다"라는 로마서 6장의 말씀으로 나의 신앙생활의 이정표를 세우는데 도움을 주었는데 간략히 요약하면 다음과 같다.

● **첫째, 알아야 한다** (롬 6:1-10)

예수님이 십자가에 죽으실 때 나의 나쁜 옛 성품도 함께 죽었으며 예수님이 죽음에서 부활하실 때 나도 새로운 사람으로 나시 태어났다. 이 사실을 먼저 알아야 한다.

● **둘째, 여겨야 한다** (롬 6:11)

예수님이 십자가에 죽으실 때 나의 나쁜 옛 성품도 함께 죽었다는 것과 예수님이 죽음에서 부활할 때 나도 새로운 사람으로 다시 태어난 것으로 여겨야 한다. 즉, 그렇게 믿어야 한다.

● 셋째, 드려야 한다 (롬 6:12-23)

죄에게 굴복해 내 지체를 죄에게 줄 기회를 주지 말고 나를 구원하여 주신 주님께 온전히 나를 드려야 한다. 그리고 육체의 힘이 아닌 성령을 쫓아 행할 때 비로소 우리는 주님과 함께 매일 승리의 삶을 이루어 갈 수 있다.

나는 이 말씀을 내 삶에 적용하며 주님을 본받는 삶에 도움이 되었다. 당시 친지들이 전역을 축하한다며 술을 권했지만 나는 "예수님을 믿고 다시 태어났다. 예전에 술 마시고 화투치던 손은 죽고 이제 봉사하고 찬양하는 사람으로 다시 태어났다"며 새로운 삶을 시작했다.

함께하는 새 가족교사인 한 권사님은 좋은 봄날에 산을 오르던 중 졸졸거리며 흐르는 개울물 소리를 들으며 "모든 피조물이 하나님의 영광을 나타내는데 하나님의 형상을 따라 지음 받은 너는 무엇을 하고 있느냐?"는 마음이 들었다고 한다. 그 음성에 순종하며 삶이 변화되기 시작했다는 간증을 들으며 주님은 참으로 다양한 방법으로 우리를 찾아주시고 만져주신다는 생각을 했다.

구원의 확신과 변화된 삶은 개인의 체험도 중요하지만 다른 사람들의 이야기를 많이 듣는 것도 중요하다. 각양각색으로 임하시고 인도하시는 하나님의 섭리를 깨닫고 믿게 되기 때문이다.

오래전 아내가 교회에서 간증한 내용인데 구원의 확신을 가지는 것에 도움이 되었으면 하는 마음으로 소개한다.

"저는 기독교가 우리나라에 들어온 지 얼마 안 되는 1909년, 증조할머님이 처녀일 때 봉화 척곡교회에서 예수님을 믿게 된 아주 독실하고 전통적인 기독교 집안의 장녀로 태어났습니다.

어릴 적부터 증조모, 조모님이 아침저녁으로 머리에 손을 얹고 축복 기도를 해주셨고, 어려서부터 성경 말씀을 줄줄 외며 교회 주일학교와 중고등부 모든 행사와 대회에선 상을 휩쓸다시피 하였습니다. 미션스쿨이었던 고등학교에서도 교목선생님보다 종교 부장인 저를 아이들이 더 좋아했습니다.

고등학교 때 중학교 동창이었던 지금의 남편과 좋은 친구 관계에서 사귀는 사이가 됐습니다. 남편은 졸업 후 술과 담배를 했지만 진실하였으며 직업군인인 남편과 결혼하였습니다. 남편은 교회에 다니지만 잦은 회식과 놀기를 좋아했습니다. 그러나 저는 신앙을 이유로 남편과 다투기보다는 기도하자고 생각했고 실행하였습니다.

군인이란 남편의 직업 때문에 잦은 이동에도 가는 곳마다 군인 교회의 환영을 받았습니다. 어느 금요일 구역예배 때 성경공부를 하다가 "지금 예수님이 재림하신다면 어떻게 하겠느냐?"라는 문제를 읽고 나서부터 마음이 답답해졌습니다. '지금 예수님이 재림하시면 안 된다. 주님께 뭔가 한 일이 없으므로 지금 주님이 오시면 난 지옥에 갈 것이다'라는 답을 쓴 뒤 저는 마음이 공허해졌습니다.

남편이 쉬는 날이면 좋은 곳에 놀러가자고 해도 주일을 꼭 지켰으며, 십일조는 주판으로 꼬박꼬박 계산해서 한 번도 빼먹지 않았습니다. 그러나 이 모든 것이 교만이었습니다. 하나님, 예수님, 나와의 관계도 모른 채 모태신앙이라는, 몸에 밴 교회생활만 하고 있었다는 사실을 깨닫고는 공허함은 점점 커졌습니다. 예수님 믿으면 구원받는다고 머리로는 배워 알고 있었지만 막상 예수님의 재림에 대한 질문에는 명확히 천국 간다고 답할 자신이 없었습니다.

이런 때에 남편은 전역하여 사회에서 일을 찾고 신앙생활을 하자고 하였습니다. 그런 남편의 권유에 따라 전역을 위해 부산에 도착한 후 마태복음 6장 33절 말씀처럼 모든 것을 하나님께 맡긴 채 남편을 따라 네비게이토 선교회를 찾았습니다. 그 곳에서 말씀을 통해 내가 죄인인 것과 나의 죄 때문에 예수님께서 십자가의 형벌을 받으셨다는 것을 인정하며 예수님은 나를 사랑하시기 때문에 이러한 큰 희생을 하셨음을 알게 되었으며 요한일서 5장 11-13절, 요한복음 1장 12절 말씀으로 구원의 확신을 갖게 됐습니다.

머리로 배워 습관을 좇은 신앙생활이 아니라 말씀을 통해 예수님을 나의 구원의 주님으로 영접하며 하나님의 자녀가 된 것이 너무나 기뻤습니다. 온 우주의 주관자시며 만물을 창조하신 하나님께서 나를 창조하시고 자녀 삼으신 것과 그 분의 자녀가 된 것은 온 우주를 얻은 것과 같이 기뻤습니다.

"그런즉 누구든지 그리스도 안에 있으면 새로운 피조물이라 이전 것은 지나갔으니 보라 새 것이 되었도다"(고린도후서 5:17)는 말씀처럼 그날 이후 저의 새로운 삶이 시작되었습니다."

8-3. 기도의 즐거움을 체험하라.

나는 신앙생활이 더해지며 내가 만나게 된 하나님을 더 신뢰할 수 있었다. 하나님은 바른 것을 지향하게 하며 그른 것을 지양하도록 도우시기 때문이다. 우리는 자녀가 태어나 첫걸음을 띠고 또 옹알이를 시작할 때의 기쁨을 체험한다. 나만 생각하던 이기적인 내가 누구를 위해 기도하고 주님이 원하는 것에 한 걸음씩 다가갈 때 주님이 기뻐하심을 믿는다.

요즘은 오래전 믿음의 선배가 써 준 고린도전서 13장과 마태복음 11장 28-29 말씀에서 사랑과 겸손에 대하여 월요일부터 토요일까지 한 가지씩 기도하던 때를 기억하며 빛바랜 기도문을 다시 적어 본다. 이제 다시 예전의 기도의 기쁨을 누리며 나눔을 갖는다.

〈월〉 하나님 저에게 산을 옮길만한 믿음, 말씀에 대한 깊은 이해, 자기희생적인 섬김, 사람을 사로잡을 수 있는 성령의 역사보다 하나님의 사랑을 본받고자하는 열망과 그 마음을 주소서.

〈화〉사랑은 오래참고 – 십자가의 고난을 받으면서도 저주대신 기도하셨던 주님의 오래 참으시는 사랑을 깨닫고 본받게 하소서.

〈수〉사랑은 온유하며 – 다른 사람의 신분이 아무리 낫다고 해도 그 사랑의 성격이 어떠하든 간에 그런 것에 구애 없이 그들이 원하는 바에 나 자신을 맞추어 주는 자가 되게 하소서.

〈목〉투기하는 자가 되지 않으며 – 나의 모든 경쟁자에게 관대하며 넓은 마음을 갖고 그들의 잘 됨을 순수하게 기뻐하게 하소서.

〈금〉말로 의기소침하게 하는 것, 차가운 시선, 악의, 경멸의 분노와 무뚝뚝한 증오와 비천한 자에 대한 냉소와 위대한 자에 대한 시기와 일상생활의 불만을 제하소서.

〈토〉사랑은 자랑하지 아니하며– 제게 자랑하고 떠벌리고 과시하는 마음을 제하소서. 주목받거나 갈채 받는 것을 지나치게 원하지 않게 하소서.

〈일〉빠진 기도하기.

● ● ●

〈월〉교만하지 아니하며 - 하나님 ! 제 자신이 중요하다는 의식에 사로잡히지 않게 하소서. 제가 눈에 띠지 않는 것을 더 기뻐하고 주님의 모습이 드러나고 주님께 유익되면 그것으로 만족하게 하소서. 제가 더 낫다는 비교의식에서 벗어나고 모든 것이 하나님을 믿는 것임을 기억하게 하소서.

〈화〉무례히 행치 아니하며 - 다른 사람을 편하게 해주기에 열심이고 다른 사람의 감정에 예민하게 하소서. 상처를 주는 말을 제하시고 위로, 격려하는 말을 하게 하소서.

〈수〉자기의 유익을 구치 아니하며 - 나의 사랑의 대상을 위해 나의 행복, 나의 권리, 나의 요구를 포기하게 하소서. 저의 유익을 구치 않게 하소서.

〈목〉성내지 아니하며 - 제가 당한 부당한 대우를 잊게 하시고 나에게 베푼 친절을 결코 잊지 않게 하소서.

〈금〉불의를 기뻐하지 않으며 악한 것을 생각지 않으며 - 다른 사람보다 내가 더 낫다는 것으로 기뻐하지 않게 하소서. 나른 사람이 더 나쁜 것이 증명되었을 때 내가 그보다 더 낫다고 느끼지 않게 하소서.

〈토〉모든 것을 참으며 - 다른 사람의 약점과 잘못을 들추어내며 비방하기보다 그것을 덮어주고 감싸주며 나의 어려움으로, 나의 고통으로 동일시하는 마음을 주소서.

〈**일**〉 빠진 기도하기.

• • •

〈**월**〉 모든 것을 믿으며 ― 그들이 소유하고 있지 않는 특성을 옷 입혀 주고, 하나님께서 그들을 진실하게 해주실 것을 믿으며 그들을 진실한 것처럼 믿고 대하게 하소서.

〈**화**〉 모든 것을 바라고 견디느니라 ― 어떤 사람도 쉽게 단념하지 않게 하소서.

〈**수**〉 하나님이여! 우리가 하나님 앞에서 지극히 겸손해져서 진실로 아무것도 아닌 것이 되어, 바라는 그것이 우리 신앙생활에 가장 귀하고 넘치는 은혜임을 확실히 믿도록 우리를 가르치소서.

〈**목**〉 하나님! 더 비어지고 더 낮아지게 하소서. 우러러보는 자 없고 아는 자가 없는 비천한 인간이 되어도 오직 그리스도만으로 채워지는 하나님의 거룩한 그릇이 되게 하소서.

〈**금**〉 하나님! 교만이 저의 영혼에 주는 해독과, 겸손이 저에게 주는 능력을 진실로 깨닫게 해주셔서 겸손을 위해 싸우는 자가 되게 하소서.

〈토〉수고하고 무거운 짐 진 자들아! 다 내게로 오라. 나는 마음이 온유하고 겸손하니~, 하나님! 저도 예수님처럼 겸손과 온유가 저의 성품의 특색이 되게 하소서.

〈일〉빠진 기도하기.

예수 그리스도는 나의 주님이 되심으로 예수님을 통하여 하늘에 계신 아버지께 직접 말할 수 있는 놀라운 특권을 가지게 되었다. 바로 기도가 그 특권이다. 그래서 사탄은 다른 무엇보다 이 기도를 막는 일에 온 힘을 쏟는다. 하나님은 그분의 존전에 담대히 나와서 우리의 모든 것을 말해주기를 원하시며 우리의 필요에 대하여 깊은 관심을 가지신다.

전에도 어려움이 있을 때 구했지만 이제는 하나님께 속하였으므로 언제든지 '예수님 이름으로' 예수님의 권위와 공로에 의지하여 구할 수 있게 됐음을 알고 즐거움으로 기도에 힘썼다. 하나님 아버지께서 예수님의 모든 기도에 응답하신 것과 같이 예수님의 이름으로 구하는 우리의 기도에 응답하여 주신다. 기도는 우리의 중보자 되시는 예수님의 이름으로 하나님께 구하는 것이며 기도의 결과 우리가 응답받는 기도의 기쁨을 가질 수 있다.

"지금까지는 너희가 내 이름으로 아무것도 구하지 아니하였으나 구하라 그리하면 받으리니 너희 기쁨이 충만하리라" - 요한복음 16:24

예수님은 생활 속의 모든 문제를 기도하기를 바라신다. 사소한 어떤 것이든, 무엇이든 구하고, 찾고, 두드리라고 말씀하신다. 모든 것은 주님이 해결해주시기 때문이다. 자녀가 아버지에게 필요를 구함은 당연하며 아버지는 가장 좋은 때에 들어 주신다.

우리가 부르짖어 기도할 때 하나님은 크고 비밀한 일을 보이시며 내 생각보다 더 넘치도록, 가장 좋은 것으로 가장 알맞은 시기에 응답하여 주신다. 기도할 때는 염려하지 말아야 하며 원망과 불평이 아닌 감사함으로 하나님께 아뢸 때 하나님께서는 평강으로 지켜주실 것을 약속하셨다. 그러나 나의 정욕으로 쓰거나 죄악을 품은 기도는 응답에 방해를 받게 된다. 기도로 구한 후에는 하나님께서 이루어 주실 것을 믿고 감사의 마음을 가져야 한다.

기도에 응답받기 위해서는 내가 알고 있는 죄악을 하나님 앞에 자백하고 버려야 한다. 불가능해 보이는 것도 하나님이 약속하신 것은 이루어주실 것을 믿고 신뢰해야 한다.

"우리가 천국에 도착하게 되면 성도들이 꼭 한 가지 후회할 것입니다. 그것은 천국 창고에 그리스도인들이 만약 청구하였더라면 쓸 수 있는 자원들이, 기도만 했었더라면 우리가 붙들어서 사용할 수 있는 무한대의 능력이 거기에 있음에도 불구하고 그리스도인들이 그 능력을 사용하지 않았다는 것입니다." - D.L. 무디

기도는 하나님과의 만남을 기뻐하며 보좌 앞으로 나아가는 기대를 가지는 것이며, 하나님의 성품과 특성을 찬양(시 113:3)하고, 하나님이 우리에게 주신 모든 것을 감사(살전 5:18)하고, 우리가 깨끗한 그릇으로 하나님 앞에 나아가기위하여 자백(요일 1:9)하고, 다른 사람의 필요를 위하여 기도(삼상 12:23)하고, 우리들 자신의 필요한 것을 하나님께 구하는(벧전 5:7) 것이다. 그리고 기도는 기다려야 한다. 하나님께서 응답하실 때까지 기다리며 기도해야 한다. 기다림을 통해서 하나님의 때를 알게 되는 지혜를 갖게 된다.

하루는 성경공부를 통해 '기도는 영혼의 호흡이다'라는 글에서 '쉬지 말고 기도하라'는 데살로니가전서의 말씀이 더욱 깊이 다가왔다. 밤이든 낮이든, 구석의 골방이든 호텔의 스위트룸이든 어느 때나 어디서나 기도는 가능하다. 걸어가면서도 청소를 하면서도 시간과 장소에 관계없이 우리는 하나님과 소통할 수 있는 귀한 특권을 가진 자녀들이다. 하나님께서는 그의 자녀들이 기도라는 방법을 통하여 그에게 나아올 수 있도록 언제나 기다리신다. 기도는 하나님의 자녀만이 가질 수 있는 특권이다.

"너희가 내 안에 거하고 내 말이 너희 안에 거하면 무엇이든지 원하는 대로 구하라 그리하면 이루리라" - 요한복음 15:7(빌 4:6-7, 렘 33:3, 약 4:2-3, 히 4:14-16)

성경에는 정말로 기도를 쉬지 않으시는 예수님의 모습이 나온다. 예수님은 이른 아침에도(막 1:35), 바쁜 일정 가운데서도(눅 5:15-16), 때로는 밤이 새도록(눅 6:12-13), 바쁜 하루를 보낸 후에도(마 14:23), 죽음을 앞두고서도(눅 22:23) 기도하셨다. 기도의 방법을 몰라 제대로 하지 못하는 우리들처럼 당시의 제자들도 예수님께 기도에 대해 물었는데 예수님은 이때 완벽한 기도의 본을 제시해주셨다.

종교개혁의 한 축이었던 칼빈은 기도의 세 가지 원칙을 다음과 같이 정했다.

● 첫째, 하나님에 대한 두려움을 가져야 한다.
● 둘째, 올바른 기도는 회개가 따라야 한다.
● 셋째, 얻지 못함은 구하지 아니하기 때문임을 알아야 한다.

어느 추운 겨울 한 귀족 부인이 화려한 극장에서 오페라를 보며 눈물을 흘리고 있었다.

"주인공의 사연이 어쩜 저리 기구한지. 집도 없이 끼니도 제대로 챙겨먹지를 못하잖아. 저런 사람이 내 주변에 있다면 당장에 도와줄 텐데."

그러나 귀부인의 마차를 끄는 마부는 저녁도 제대로 먹지 못한 채 추위에 덜덜 떨며 오페라가 끝날 때까지 밖에서 기다리고 있었다. 오페라가 끝나고 귀부인은 눈물을 닦으며 극장을 나왔고, 마부는 배고픔과 추위를 참으며 귀부인을 태워 저택으로 돌아갔다.

철학자 키에르케고르가 그리스도인들의 위선을 풍자하고자 책에 쓴 예화이다. 어려서부터 철저한 신앙교육을 받았던 키에르케고르에게는 일부 그리스도인의 위선과 이중적인 모습이 더 잘 보였을 것이다. 아마 그는 이렇게 생각했을지도 모른다.

'매주 교회에서 죄를 고백하는 그리스도인이, 다른 사람을 사랑하겠다고 고백하는 그리스도인들이, 왜 정작 바로 눈앞에 있는 사람들은 돕지 않는 거지?'

많은 그리스도인들이 머리와 입에서 끝나는 신앙생활을 하기 때문이다. 머리에서 끝나는 신앙이 되지 않으려면 기도를 통해 삶의 변화가 일어나야 한다. 머리에서 끝나는 지식이 아니라 몸이 움직이는 행동을 만드는 변화를 일으키는 기도가 진정한 기도이며 진정한 기도의 힘이다.

4. 용서하시는 하나님을 의지하리.

부모는 유독 자기 자녀에게는 관대한 면이 있다. 어린 자녀가 잘못을 할 때 그 이유를 묻지 않고 용서할 뿐 아니라 비용이나 손해가 되어도 다 처리해 준다. 자녀가 철이 들면서 상황은 좀 다르지만 자녀가 자기 잘못을 반성하고 뉘우치며 앞으로 같은 잘못을

하지 않겠다고 다짐한다면 마음으로 감동을 하며 기꺼이 용서한
다. 부모 입장에서 그 정도는 쉬운 일이다. 나는 회개하여 예수님
을 믿음으로 죄 용서를 받고 마음의 변화가 시작되었지만 여전히
넘어지고 죄짓는 나약한 나를 보며 이러고도 신자라 할 수 있는가
하는 자책감을 가질 수밖에 없었다. 그것은 정도의 차이일 뿐 믿
음이 오래되어도 하나님의 기준에 도달하지 못하며 언제라도 넘
어질 수 있는 인간의 모습일 뿐이다.

나는 요한일서 1장 9절 말씀에서 하나님은 이미 오래전에 이러
한 우리를 위하여 죄를 자백하고 돌아올 수 있는 기회를 주셨음을
알았다. 또한 용서하시는 하나님을 알았으며 우리를 향한 하나님
의 사랑을 다시금 알 수 있었다. 하나님은 내가 용서를 빈다면 어
떤 상황에서도 사랑하는 자녀들을 포기하지 않으신다. 우리가 죄
를 자백하고 하나님께로 마음을 돌이키면 하나님은 용서해 주신
다. 내 죄로 인해 사망으로 떨어질 수밖에 없는 내가 용서받는 것
이상의 감사와 기쁨은 없다. 하나님은 내가 연약하고 원수되고 죄
인되었을 때 이미 용서하시고 돌아오기를 기다려주신다.

'죄를 자백한다'는 말은 하나님께서 죄라고 부르시는 모든 것들
을 낱낱이 털어 놓는 것을 의미한다. 정직한 자백은 그 죄를 버리
는 것까지도 포함된다. 하나님께서는 우리를 용서해 주실 뿐만 아
니라, 모든 죄에서 우리를 깨끗하게 해주시겠다고 약속하셨기 때
문이다. 하나님은 신실하시고 의로우심으로 우리 죄를 용서하시
며 또한 모든 불의에서 깨끗게 해주신다.

나에게 죄가 있음을 인정할 때 진정한 자백이 가능하다. 죄를 미워하며 죄를 분별할 수 있는 능력을 위해 기도하며 절대 타협하지 않으려는 마음을 모든 성도들은 가져야 한다. 하나님은 용서하시기를 즐거워하시며 인자하심이 후하신 분이시다. 우리는 그리스도 보혈의 공로로 죄 사함을 받았다. 그리스도께서 죄를 위하여 단번에 영원한 제사를 드리는 희생으로 이루셨다. 그렇기에 이미 자백한 죄로 인해 계속 죄의식을 느끼는 것은 어리석은 일이다. 하나님은 "죄와 불법을 자백하면 다시 기억하지 아니하신다"고 말씀하셨다. 그리고 우리가 하나님의 용서하심을 체험했다면 다른 사람을 용서해야 한다. 사랑하면 용서할 수 있다.

자백하지 않은 죄가 떠올라 양심을 괴롭게 한다면 지금 자백하고 하나님의 용서에 대해 감사기도를 드리자. 하나님께서는 우리의 죄를 용서하셨고, 그 죄를 기억하지도 않으신다고 분명히 말씀하셨다. 긍휼 남용, 교만, 외식, 나의 의, 정욕, 쓴 뿌리, 재물사랑, 미워하는 태도… 우리가 짓는 죄는 너무나 많지만 내가 자백할 때 나의 연약함을 아시는 하나님은 모든 것을 용서해주시고 다시 일

으켜 세워 주신다. 그리고 선한 행위를 할 수 있는 새로운 능력도
부여해 주신다.

8-5. 인도하시는 하나님을 의지하라.

험한 세상을 살아가며 누군가의 도움을 받으며 살아갈 수 있다
면 감사한 일이다. 천지를 창조하시고 지금도 우주만물을 주관하
시는 하나님을 아버지라 부르며 하나님의 인도를 받는 것은 무엇
에도 비교할 수 없는 축복이며 은혜이다. 우리를 지으신 하나님은
누구보다 우리를 가장 잘 알고 계시며 우리의 장래 또한 가장 잘
아신다. 잠언 3장 5-6절 말씀은 우리들의 장래에 대하여 하나님
이 우리의 앞길을 분명히 인도하신다고 말씀하신다.

"너는 마음을 다하여 여호와를 의뢰하고 네 명철을 의지하지 말라
너는 범사에 그를 인정하라 그리하면 네 길을 지도하시리라" – 잠언
3:5-6

다만 우리가 먼저 해야 할 일이 있다. 마음을 다하여 하나님을
믿고, 자신의 명철을 의지하지 말아야 한다. 그리고 범사에 하나

님을 인정할 때 하나님께서는 우리가 무엇을 위해 사는지, 어디로 가는지를 지도하시며 인도하여 주신다.

성경은 여호와를 의지하며 살아가는 사람과 자기의 명철과 고집대로 살아가는 사람들의 이야기가 함께 나와 있다. 여호와를 의뢰하는 것은 나의 장래의 계획과 일의 결과 모두를 하나님께 맡긴다는 것이다.

아무리 똑똑하고 현명한 사람도 미래를 예측할지언정 앞을 명확히 볼 수는 없다. 미래를 아는 가장 확실한 방법은 우리의 앞길을 알고 계시는 하나님께 의뢰하며 하나님의 뜻대로 행하고자 순종하는 것이다. 그래서 성경은 사람을 양에 비유하기도 한다. 하나님은 우리와 동행하시며 우리를 인도하여 주시는 우리의 목자이시다.

"여호와는 나의 목자시니 내게 부족함이 없으리로다 그가 나를 푸른 풀밭에 누이시며 쉴 만한 물 가로 인도하시는도다" – 시편 23:1-2

하나님은 사랑하는 그의 자녀들이 가야 할 길을 가르쳐 보이시기를 원한다. 우리 모두를 향한 분명한 계획을 가지고 계시기 때문이다. 하나님의 뜻을 발견하기 위해서는 세상의 가치와 흐름을 따르지 말고 마음을 새롭게 하여 변화를 받는 단계를 밟아야 한다. 하나님의 뜻은 선하시고, 기뻐하시고, 온전함하시며 하나님을 의뢰하는 자에게 복을 약속하셨다. 말씀과 기도 그리고 성령의 도우심으로 우리의 속사람은 변화되어 간다.

"내가 네 갈 길을 가르쳐 보이고 너를 주목하여 훈계하리로다 "– 시
편 32:8

하나님의 생각은 인간의 명철과는 다르다. 하나님은 사람과 권
력을 따르느라 하나님께로부터 마음을 떠난 사람을 경고하신다.
예수님도 결정을 내리실 때에 하나님의 뜻을 따르셨다.

"여호와께서 이와 같이 말씀하시니라 무릇 사람을 믿으며 육신으로
그의 힘을 삼고 마음이 여호와에게서 떠난 그 사람은 저주를 받을
것이라"– 예레미야 17:5 (요 6:38-39)

우리는 삶의 모든 영역에서 하나님을 인정해야 한다. 돈과 시
간, 직업, 결혼 등 모든 영역에서 주님께 주도권을 드리고 범사에
주님을 인정해야 한다. 하나님께서는 주님의 뜻을 분별할 수 있도
록 말씀을 주시고 성령을 보내주셨다. 우리는 이해할 수 없는 상
황 가운데서도 지혜를 달라고 하나님께 기도해야 한다. 하나님께
서 약속을 이루시기 전에 우리에게 필요한 것은 인내이다.

"우리가 세상의 영을 받지 아니하고 오직 하나님으로부터 온 영을
받았으니 이는 우리로 하여금 하나님께서 우리에게 은혜로 주신 것
들을 알게 하려 하심이라"– 고린도전서 2:12

8-6. 교제의 즐거움을 나누라.

　페르시아 대제국을 다스렸던 다리우스 왕은 사려 깊고 헌신적인 친구가 사람의 가장 귀한 재산이라고 말했고, 스페인의 작가 그라시안은 좋은 친구는 귀한 보물처럼 다뤄야 한다고 말했다.
　사회성은 인간과 동물을 규정짓는 가장 큰 특징 중 하나이기 때문에 사람은 관계가 없이 온전히 살아갈 수 없다. 관계를 잘 맺으려면 바르게 교제하는 법을 알아야 하는데, 교회에서도 사람과의 관계를 매우 중요하게 여기고 있다.
　성경에 나오는 교제는 헬라어로 '코이노니아'라고 한다. 이는 '나눔, 교제, 교통, 사귐, 친교' 등의 뜻이 있다. 하나님과의 관계도 중요하지만 사람과의 관계도 중요하다. 하나님과의 관계를 바탕으로 사람들 사이에서 진리의 복음과 사랑을 전할 때 진정한 교회의 모습을 볼 수 있기 때문이다. 그렇기에 단순히 주일날 교회에 나와서 예배만 드리고 집에 가는 것보다는 끝난 뒤 교인들과 친교의 시간을 갖고 구역 및 그룹 별로 모여 진행되는 소그룹 모임에도 참여하는 것이 신앙생활에 큰 도움이 된다. 건강하고 아름다운 친교는 참여하는 모든 사람에게 격려와 힘을 준다.

　또한 우리 한 사람 한 사람은 너무나 연약하기에 교제를 통해 서로 하나가 되어야 하며 교제를 또다시 세상에 나가 그리스도의 제자로 나갈 힘을 얻어야 한다. 쉽게 부러지는 젓가락도 5개, 10개가 모이면 강해진다. 제아무리 천하장사라 하더라도 부러뜨리기가 쉽지 않다. 성도간의 교제는 연약한 우리를 하나님 안에 강하게 묶어주는 매개체다. 특히나 신앙생활을 처음 시작한 초신자들의 신앙이 바르게 자라도록 돕기 때문에 교제의 중요성은 아무리 강조해도 지나치지 않는다.

성경은 악한 동무에게 속지 말 것을 교훈하며 잠언 13장 20절에서는 "지혜로운 자와 동행하면 지혜를 얻고 미련한 자와 사귀면 해를 받느니라" 말씀하신다. 누구를 만나고 가까이 하느냐는 인생에서 정말로 중요하다. 사람은 속한 무리의 사람과 닮아가기 때문이다. 믿음의 형제와 함께할 때 온전한 사람이 되도록 하며 영적으로 성장하며 주님과의 관계도 깊어지게 된다. 운동이 육체에 중요한 것처럼 교제는 건강한 영적성장에 중요하다.

미국의 여류소설가 어슐러 크로버 르귄은 "여행할 목적지가 있다는 것은 좋은 일이다. 그러나 중요한 것은 여행자체이다"라고 하였다. 성도는 매일의 삶도 천국과 같이 누리며 살다가 영원한 천국으로 가야 한다. 오늘 즐거움과 의미 없는 하루였다면 천국에 쌓여질 것은 없다. 반면 함께 교제하며 어울려 살아가는 과정은 교제를 통하여 즐거움이 더해진다.

여러 가지 책과 전문서적에서 말하는 성도의 교제의 중요성을 요약하면 다음과 같다.
1. 그리스도인의 교제에는 높고 낮음이 없다.
2. 기쁨도 슬픔도 함께 나눠야 한다.
3. 교제는 격려와 사랑이 바탕이 되어야 한다.

4. 서로 바른 길을 갈 수 있도록 회개와 교훈이 필요하다.

5. 교제는 성장과 하나님과의 관계 성장에 목적이 있다.

8-7. 말씀의 즐거움을 발견하라.

18세기 영국의 군함 바운티에서 반란을 일으킨 선원들은 피트게언이라는 섬에 정착해 현지 원주민들과 살았다. 피트게언 섬의 원주민들은 살인을 일삼았고 성적으로도 문란했다. 자유가 그리웠던 선원들도 그들의 야만적인 방식을 따라 점차 폭력을 행사하고 쾌락을 쫓아 살았다. 하지만 그런 삶의 방식은 행복을 가져다주지 못했고 결국 선원들은 마음의 공허함을 안고 대부분 스스로 목숨을 끊었다.

정착한지 9년이 되던 해 존 아담스는 이런 절망적인 상황을 벗어나고 싶어 몰래 본국으로 돌아가기 위해 짐을 꾸렸다. 그런데 짐 꾸러미 안에서 낡은 성경책 한 권이 나왔다. 성경 말씀에 감동된 존은 섬을 떠나지 않고 남아 원주민들에게 성경을 가르치기 시작했다. 피트게언 섬의 원주민들은 말씀을 듣고 한두 명씩 회심하기 시작했고, 살인과 성으로 문란했던 피트게언 섬의 대다수 사람들이 예수님을 믿는 진정한 생명의 삶으로 변화됐다.

하나님은 구약에 나오는 모습처럼 지금은 더 이상 직접 현현하시거나 선지자를 통해 말씀하시지 않는다고 믿는다. 대신 누구나 확실하게 깨달을 수 있는 하나님의 말씀인 성경을 주셨다. 말씀은 하나님이 우리에게 의사를 전달해 주시는 통로이다. 우리는 말씀을 듣거나 읽을 때 단순히 좋은 책이나 경전을 읽는다는 생각을 하지 말고 '지금 나에게 주시는 하나님의 음성'이라고 생각하며 받아들어야 한다. 성경은 녹화방송을 다시 보는 재탕이 아니라 언제나 지금 눈앞에서 일어나는 라이브다. 그 말씀을 정말로 믿고 궁금해 할 때 삶이 변화되고 진정한 행복을 누릴 수 있다.

그렇다면 성경을 어떻게 공부해야 할까?

성경을 공부하는 데는 참으로 다양한 방법들이 있다. 그러나 가장 좋은 방법은 출석하는 교회에서 진행하는 제자훈련에 참여해 하나씩 단계를 밟아가는 것이다. 매주 보는 교우들과 믿을만한 사역자들의 인도로 한 단계씩 과정을 따라가다 보면 조금씩 성숙해지는 신앙을 느낄 수 있다.

나는 믿음 초창기 때 제자 훈련 성경공부를 통하여 우리가 다섯 손가락을 사용하여 책을 잡는다면 잘 놓치지 않는 것처럼 아래의 다섯 가지 방법으로 성경을 연구한다면 더욱 효과적이라고 배웠는데, 아직도 생생하게 기억하며 활용하고 있다.

●듣기

"믿음은 들음에서 나며 들음은 그리스도의 말씀으로 말미암았느니라" - 로마서 10:17

대부분 처음에는 말씀을 들음으로써 하나님을 알아가기 시작한다. 예배를 드리며 듣게 되는 말씀을 통하여, 소그룹 성경공부 모임에서 더 상세히 풀어주는 말씀을 들으며 믿음의 성장을 가진다.

● 읽기

"이 예언의 말씀을 읽는 자와 듣는 자와 그 가운데에 기록한 것을 지키는 자는 복이 있나니 때가 가까움이라" – 계시록 1:3

그러나 매주 듣는 말씀과 소그룹의 공부는 방대한 성경에 비해 아주 작은 영역이다. 따라서 성경 전체를 내 삶에 받아들이기 위해서는 따로 시간을 내어 읽는 결단이 필요하다.

● 공부

"베뢰아에 있는 사람들은 데살로니가에 있는 사람들보다 더 너그러워서 간절한 마음으로 말씀을 받고 이것이 그러한가 하여 날마다 성경을 상고하므로" – 사도행전 17:11

심오한 하나님의 말씀은 그냥 듣고 읽는다면 제대로 이해하기가 너무도 어렵다. 그래서 교역자들로부터, 혹은 믿음의 선배들로부터, 혹은 다양한 경건서적을 통해 공부를 해야 말씀의 진짜 의미를 배울 수 있다. 모든 학문이 그렇듯 성경도 스스로 공부하기 시작할 때 비로소 성장하고 성숙하기 시작한다. 그리고 공부한 내용을 이해할 뿐 아니라, 생활가운데 실천하게 된다.

● 암송

말씀을 외우면 성경을 읽지 않을 때에도 우리의 몸과 마음에 늘 말씀이 거하는 것과 마찬가지이다. 자주 가지고 다니는 물건일수록 더 자주 떠올리게 되듯이 소중한 하나님의 말씀을 되도록 많이 외우는 것은 말씀을 실천하는 삶에 반드시 필요한 부분이다.

● 묵상

묵상은 하나님의 말씀을 이해할 뿐 아니라 말씀을 되새겨 삶에 적용시킬 수 있도록 해준다. 묵상은 우리가 듣고, 읽고, 공부한 말씀을 소화시켜주는 작용과 같다.

성경에는 사람이 살아가는데 필요한 생활 지침과 교양을 비롯해 인생의 모든 지혜가 담겨 있다. 무엇보다도 성경의 가장 큰 목적은 우리에게 하나님의 구원에 관한 지식을 주기 위해서 쓰였다. 성경은 죄의 길에서 벗어나 생명의 길로 인도하여주시는 하나님의 말씀이기에 성경 말씀을 믿고 오직 예수님이 내 죄를 대신해 십자가 위에서 돌아가심을 믿을 때 영원한 구원의 문에 이른다.

"여호와의 율법은 완전하여 영혼을 소성시키며 여호와의 증거는 확실하여 우둔한 자를 지혜롭게 하며 여호와의 교훈은 정직하여 마음을 기쁘게 하고 여호와의 계명은 순결하여 눈을 밝게 하시도다" - 시편 19:7-8

성경 말씀은 균형 있는 그리스도인의 생활에 가장 중요한 요소이다.

교회를 다니고 기도를 하고, 찬양을 하는 것도 좋지만 말씀을 묵상하고 깊이 있게 공부하지 않으면 하나님의 뜻을 바로 알고 영적으로 성장하는데 큰 지장이 있다.

"모든 성경은 하나님의 감동으로 된 것으로 교훈과 책망과 바르게 함과 의로 교육하기에 유익하니 이는 하나님의 사람으로 온전하게 하며 모든 선한 일을 행할 능력을 갖추게 하려 함이라" - 디모데후서 3:16-17

9. 그리스도인의 새로운 생활

9-1. 새로운 삶의 지침서

나도 그렇지만 대부분의 한국 사람들은 물건을 살 때 사용설명서를 잘 읽지 않는다. 그러나 아무리 작고 싼 물건을 사도 '사용설명서'가 없는 제품은 존재하지 않는다. 제품이 가치 있고 귀한 것일수록 설명서도 두꺼운 경우가 많다. 사용이 간단해 보이는 물건이라도 설명서에 나오는 대로 사용을 할 때 본래 성능을 100% 발휘할 수 있고 오래 사용할 수가 있다. 너무나 당연한 내용이 적혀 있어서 무시하는 사용설명서야 말로 사실 따지고 보면 제품을 제대로 사용하는데 가장 중요하다. 내 생각만으로는 제품을 다루는 상세한 부분까지 제대로 알 수는 없기 때문이다.

그렇다면 우리 인생의 사용설명서는 무엇일까?

소위 '처세'라는 분야의 베스트셀러들을 보면 해마다 트렌드와 중요한 가치가 너무도 쉽게 바뀌는 것을 알 수 있다. 그 원리가 1년도 가지 못하는 세상을 살아가는 방법이 과연 제대로 된 인생의 사용설명서라고 볼 수 있을까?

예수님을 믿음으로 하나님의 자녀가 된 우리의 삶의 지침서는 바로 성경이다. 성경은 2000년이 넘는 역사를 가진 책이지만 지금도 사람들을 변화시키며 새로운 삶의 지침을 주고 있다. 성경의 모든 말씀이 진리이지만 그 중에서도 생활의 지침이 되어 주었던 성경구절은 승리의 생활을 하게 했다.

나는 믿음의 초기에는 일요일 교회에서 예배드리는 것으로 교인으로 해야 할 일을 다 했다고 생각했다. 그러나 신앙의 연수가 더해지며 교회의 다양한 모임과 성경공부반에 적극 참여하면서부터 하나님이 주시는 보배들을 발견하며 많은 변화를 가질 수 있었다. 예수님을 영접하여 하나님의 자녀로 새로운 생명의 탄생은 큰 기쁨이며 축복이지만 건강히 자라지 못하고 성장이 멈춘다면 기쁨이 아닌 근심을 주게 된다는 것을 알 수 있었다. 음식이 육체의 성장에 필요한 것처럼 영적성장에 필요한 말씀을 꾸준히 섭취할 때만이 영적인 건강을 유지할 수 있다.

예레미야 15장 16절에서 "만군의 하나님 여호와시여 나는 주의 이름으로 일컬음을 받는 자라 내가 주의 말씀을 얻어 먹었사오니 주의 말씀은 내게 기쁨과 내 마음의 즐거움이오나"라고 말씀하신다.

주님의 말씀은 기쁨과 즐거움을 주신다. 주님의 말씀에 순종할 때 그 말씀의 능력을 경험하는 체험을 가진다.

성경의 모든 말씀이 우리가 살아가는 것에 교훈을 주지만 여기서는 그리스도인의 생활지침을 찾아보았다. 네비게이토출판사에서 펴낸 '그리스도인의 생활지침'에 나오는 성경구절은 나의 일상생활에 기본 지침이 되어 준다. 성경구절은 암송을 하거나 암송카드를 지참하여 묵상을 가질 때 즐거움과 의미 있는 시간이 되었으며 내가 하는 일에도 더 열심히 임할 수 있었다. 생활의 지침이 되어 주었던 성경구절에 나눔을 가진다.

● 요한복음 15:5

"나는 포도나무요 너희는 가지니, 저가 내 안에 내가 저 안에 있으면, 이 사람 은 과실을 많이 맺나니, 나를 떠나서는 너희가 아무것도 할 수 없음이라."

예수님은 자신을 포도나무로 신자는 가지로 나타내시며 가지는 나무에 붙어있어야 영양을 공급받아 성장하고 열매를 맺듯이 신자는 예수님과의 끊임없는 교제를 통해 영적으로 건강히 성장하여 풍성한 열매를 맺을 수 있다고 말씀하신다.

● 사도행전 20:32

"지금 내가 너희를 주와 및 그 은혜의 말씀께 부탁하노니, 그 말씀이 너희를 능히 든든히 세우사 거룩케 하심을 입은 모든 자 가운데 기업이 있게 하시리라."

말씀은 성도를 든든히 세워주는 능력이 있다. 영에 양식인 말씀을 간절히 바라며 구체적인 계획을 세워 말씀을 섭취해갈 때 건강히 성장하게 되며 성도를 든든히 세워주신다.

● 로마서 8:14

"무릇 하나님의 영으로 인도함을 받는 그들은 곧 하나님의 아들이라."

성령에 인도함을 받는 생활을 말씀하신다. 예수님은 십자가의 큰 희생으로 모든 성도의 마음에 성령을 선물로 받았다. 성령은 하나님의 뜻을 알아가게 하시며 하나님께 인도함을 받은 사람으로 변화시켜 주신다.

●고린도후서 5:7

"이는 우리가 믿음으로 행하고 보는 것으로 하지 아니함 이로라."

모든 성경은 하나님의 말씀으로 신뢰하는 생활을 말씀하신다. 나는 성경의 많은 사건들에 의심도 하고 이해할 수 없는 것이라고 생각하기도 했으나 성경은 인간의 이성을 넘어서는 초과학임을 인정하게 되었다. 믿음은 말씀을 통해서 오기 때문에 하나님의 말씀을 꾸준히 읽고 신뢰하며 마음에 새길 때 성령은 믿음의 성장을 주신다.

●요한일서 4:11

"사랑하는 자들아, 하나님이 이같이 우리를 사랑 하셨은 즉, 우리도 서로 사랑하는 것이 마땅하도다."

하나님은 죄인 된 나를 위해 먼저 그 아들을 대신 죽게 하시며 나를 사랑하여 주셨다. 이제 하나님이 베푸신 것과 같이 서로 사랑하는 생활을 하라고 말씀하신다.

●요한일서 1:7

"저가 빛 가운데 계신 것같이 우리도 빛 가운데 행하면 우리가 서로 사귐이 있고, 그 아들 예수의 피가 우리를 모든 죄에서 깨끗하게 하실 것이요."

빛이신 예수님을 알아가고 예수님을 따르며 성도와의 교제를 가질 때 예수님은 우리를 깨끗하게 하시고 하나님을 섬기게 하여 주신다.

● 베드로전서 3:15

"너희 마음에 그리스도를 주로 삼아 거룩하게 하고, 너희 속에 있는 소망 에 관한 이유를 묻는 자들에게는 대답할 것을 항상 예비하되 온유와 두려움으로 하고"

그리스도인으로서 매력적이고 바른 생활을 하므로 믿음의 향기를 낼 때 믿음에 대한 질문을 받게 된다. 이러할 때 온유한 성품으로 예수님의 사랑과 용서에 대하여 대답하고 나눌 수 있는 준비가 되어 있어야 한다.

● 고린도후서 9:7

"각각 그 마음에 정한 대로 할 터이요, 인색함으로나 억지로 하지 말지니 하나님은 즐겨 내는 자를 사랑하시느니라."

우리가 가진 모든 것은 하나님이 거져 주신 것이므로 우리도 거져 주는 것이 마땅하다. 인색하거나 억지로 하지 말고 자원하여 즐겁게 드릴 때 하나님은 우리의 모든 쓸 것을 넘치도록 채워주신다.

9-2. 승리로 임하는 생활

잠언 16장 17절은 "자기의 마음을 다스리는 자는 성을 빼앗는 자보다 나으니라"고 말씀하신다. 하나님을 의뢰하며 기도할 때 하나님께서 마음을 다스릴 힘도 주신다. 지난날 자신과의 약속을 지킨 일은 언제나 뿌듯하고 아름다운 추억으로 남는다. 가끔은 아내에게 큰 무용담처럼 자랑하기도 한다.

그것은 전역 후 3년째인 1991년 10월 어느 수요일 저녁이었다. 직장의 안전관리자 교육을 위하여 경기도 부천에서 교육중이었던 나는 당당히 외출하여 큰 길 곁에 있던 교회의 수요예배에 참석하였다. 그날 설교는 참 은혜가 되어 지금도 신앙의 적용을 가지고 있다. 하나님을 묵상하는 마음이 먼 곳 외지였지만 수요예배에 참석하자는 적극적인 행동을 하게 한 것 같다. "그것이 뭐 그리 영웅담이냐", "교인이면 누구나 기본이다"라고 할 수 있겠지만 그 당시 영적으로 어린 내가 나와의 약속을 지키며 말씀에 순종하였다는 기쁨이 고운 추억으로 남아있다. 이처럼 오늘의 작은 승리들이 모이면 하나님을 신뢰하는 믿음으로 성장한다고 믿는다.

일본제국군의 정보장교인 오노다 소위는 필리핀에서 미국군과 전투를 벌이다 크게 패했다. 몇몇 부하들과 루방이라는 작은 섬으로 도망쳐 정글에 숨어 있던 오노다 소위는 전쟁이 끝났음에도 무려 30년간 숨어 지냈다. 전쟁이 이미 끝났다며 신문과 서류, 영상을 보여줘도 오노다 소위는 "직속상관의 명령이 아니면 믿을 수 없다"며 투항을 거부하고 정글에서 나오지 않았다. 나중엔 일본 본토에서 직접 가족과 친구들까지 불러 전쟁이 끝났음을 알렸지만 그럼에도 오노다는 믿지 않았다. 전쟁은 이미 끝났고, 지긋지긋한 정글에서 숨어 사는 삶도 끝낼 수 있었다. 하지만 오노다는 눈앞의 진실을 믿지 못했고, 그 결과 30년의 세월을 정글에서 허비했다. 어떤 사실을 정확히 아는 것은 중요하다. 특히 그것이 삶과 죽음, 영원한 생명에 대한 것이라면 더더욱 그러하다. 모르면 당하기 때문이다.

요한계시록 12장을 보면 미카엘 천사에게 패해 땅으로 쫓겨난 사탄의 이야기가 나온다. 예수님의 십자가 사건으로 온 천하를 꾀려는 사단의 계략은 끝이 났지만 한 명의 영혼이라도 타락시키려는 사탄의 교묘한 공격은 여전히 세상에 존재한다. 사탄은 그리스도인들의 마음에 다가와 이렇게 속삭인다.

"너 같은 실패자가 정말 구원을 받을 수 있겠어?"

우리의 가장 약한 감정과 약점을 노리며 유혹하는 집요한 사탄의 공격을 막기 위해서는 내 확신이 아닌 하나님의 말씀이 필요하다. 하나님은 승리를 약속하셨기에 하나님의 자녀인 우리 역시 승리할 수 있다. 우리가 유혹을 받을 때 말씀에 의지해 하나님의 승리를 믿고 행하면 하나님께서 승리를 주신다.

"사람이 감당할 시험 밖에는 너희가 당한 것이 없나니 오직 하나님은 미쁘사 너희가 감당하지 못할 시험 당함을 허락하지 아니하시고 시험 당할 즈음에 또한 피할 길을 내사 너희로 능히 감당하게 하시느니라" - 고린도전서 10:13

우리가 말씀을 믿고 기도할 때 하나님은 유혹을 감당할 믿음과 피할 길을 주신다. 내 죄는 예수님의 십자가 보혈로 완전히 해결됐기에 사탄에게 당하지 않으려면 기도와 말씀으로 무장해야 한다.

유혹의 주된 근원은 자기욕심이다. 세상에서 받게 되는 유혹은 생리적 욕구인 육신의 정욕, 소유욕인 안목의 정욕, 명예욕인 이생의 자랑이다. 마귀는 우는 사자같이 두루 다니며 우리를 유혹한다. 하나님은 우리를 위해 마음을 강하게 하는 힘을 주시고, 악한 자에게서 지켜주신다. 예수 그리스도는 우리와 같은 시험을 받으시고 동일한 체험을 하셨으므로 우리의 연약함을 알고 때에 맞게 적절히 도와주신다.

하나님은 우리에게 유혹이 있을 때 죄에 빠지지 않고 승리할 수 있는 방법을 말씀해 주셨다. 그러므로 그 가르침을 따라 유혹이 올 때에는 시험에 들지 않도록 기도해야 한다. 내 마음속의 말씀은 나를 지켜주며 예수님이 하나님의 아들임을 믿는 믿음으로 세상을 이길 수 있다.

성경은 사단을 우는 사자로 비유하고 있다. 하나님의 말씀은 사단의 공격을 알려줄 뿐만 아니라 그 유혹들에 대항할 수 있는 능력을 주신다.

"근신하라 깨어라 너희 대적 마귀가 우는 사자 같이 두루 다니며 삼킬 자를 찾나니" - 베드로전서 5:8(시 119:11)

하나님 말씀의 진리를 발견하고 삶에 적용하면서부터 영적 전쟁터에 들어서게 된다. 전투는 사람의 마음과 정신을 격하게 만들지만 성장은 투쟁과 더불어 오게 된다.

"전투에 대한 정보나 적에 대한 지식이 군사령관에게 중요한 만큼이나 그리스도인에게 있어서도 중요하다. 둘 다 전투에 임하고 있기 때문이다."- 로드 싸전트

"어떤 사람은 '나에게 잘못한 일들이 있기는 합니다. 그러나 마음만은 정말 선합니다'라고 말하고 있습니다. 그러나 불행하게도 이것이 곧 당신을 속이는 것입니다. 왜냐하면 당신의 마음이야말로 당신에게 있어서 가장 악한 곳이기 때문입니다."- 찰스 H. 스펄전

예수님을 믿기 전의 사람들은 인생의 주인이 자기 자신이라고 생각한다. 그러다 예수님을 믿고 나서는 모든 것이 변한다. 인생의 주인이 내가 아닌 예수님이 되셨기에 이제 내 삶의 결정과 모든 주도권은 예수님께 맡겨드려야 하는 것이다. 여기서 한 가지 주의할 점이 있다. 예수님께 내 삶의 결정권을 드린다는 것은 주일날만, 기도할 때만, 봉사할 때만 예수님께 맡겨드리는 선택적 주권이 아니라 내 삶의 모든 발걸음과 손길, 호흡까지도 하나님의 영광을 위해 사용할 수 있게 전적으로 내 삶을 주님께 맡겨드려야 한다는 사실이다.

에덴동산에서 사단이 하와를 유혹해 타락하게 만들었던 것처럼(창 3:1-14) 지금도 사람들을 넘어뜨리기 위해 사단은 부단히 노

력하고 있다. 사단이 가장 심혈을 기울이는 노력은 바로 그리스도인들이 주권을 예수님께 넘기지 않고 자기가 꼭 쥐고 있게 만드는 것이다. 비록 예수님을 믿는다고 고백하지만 "내 삶은 나의 것"이며, "내가 모든 것을 할 수 있고, 무엇보다 사람이 가장 중요하다"라고 믿게 만드는 것은 사단의 전략이며 그리스도인이 가져야 할 사상이 아니다. 사단은 사람의 이런 심리를 교묘히 노려서 호기심을 불러일으키고, 휴머니즘이라는 감성을 자극하고, 거짓된 지성을 가르쳐 하나님의 법을 어기게 만든다.

에덴동산에서 하와에게 썼던 전략과 지금 시대의 사단의 전략은 일맥상통한다. 내가 보기엔 보암직도 하고 먹음직도 한 것들은 죄를 짓게 만드는 것이다. 성령님의 도우심과 성경 말씀을 기준으로 내가 보기에 좋아 보이는 것들도 예수님이 아니라고 하시면 과감히 밀어낼 수 있는 성도가 자신의 삶의 결정권을 예수님께 드린 참된 성도다. 하나님의 참된 사랑과 속성을 깨달을 때만이 세상의 유혹에서 눈을 돌릴 수 있다.

인류 최초의 사람인 아담의 마음에서 하나님이 밀려나고 죄가 자리 잡으면서 온 인류의 마음에도 물질에 대한 사랑과 이기심이 자리 집었다. 이런 이유로 그리스도인이라고 고백을 하면서도 우리는 마음속에 있는 이기심과 물질만능 사상을 쫓아내기 위해 노력하고 또 노력해야 한다. 내가 예수님께 모든 삶의 결정권을 드리는 결단을 내리지 않으면 이런 역사는 일어날 수 없다. 각 성도들이 자신을 포기하고 하나님께 드리는 결단을 내릴 때, 그런 결단을 내린 성도들이 교회에 모일 때, 하나님은 우리가 예수님을 닮아가게 해주시며 잃어버린 하나님의 형상을 회복하게 도와주신다(롬 6:13-18).

이런 죄를 방지하기 위해서는 보는 것을 관리하는 게 가장 중요하다. 우리가 보는 것들은 선택할 수 없는 경우도 많아 살다 보면 이런저런 유혹들이 저절로 마음속에 들어오게 된다. 그러나 대부분 우리의 선택으로 '보는 것의 죄'를 짓는 경우가 많다. '습관적으로 보는 것들'로 하나님께 죄를 짓고 있다면 단순히 욕망과 호기심을 충족하는 행위가 아닌 습관적, 고의적으로 하나님께 죄를 짓고 있다는 사실을 자각해야 한다. 하나님의 자녀는 죄를 미워하고 죄에서 떠나려는 성품을 가져야 한다. 세상의 그 어떤 것도 하나님보다 크게 보여서는 안 된다. 나의 입과 손과 마음, 그 모든 행동들이 하나님을 위해 드려져야 한다는 사실을 기억하라.

"내가 내 눈과 약속하였나니 어찌 처녀에게 주목하랴" - 욥기 31:1(약 3:5-6, 시 141:3, 마 5:30, 시 1:1-2)

인류의 역사는 전쟁의 역사라는 말이 있다. 역사를 살펴도 그렇지만 영적인 세계에서도 마찬가지다. 적이 누군지 모르면 어떻게 싸워야 할지를 알 수가 없다. 승리하는 삶을 위하여 우리의 믿음을 끊임없이 방해하는 사탄이 어떤 존재인지 좀 더 살펴보도록 하겠다.

사탄은 세상의 모든 악한 세력의 우두머리이며 하나님의 행하고자하는 선을 방해하고 막는 것을 최우선 과제로 삼는다. 사탄은 사람들을 유인하여 죄를 짓게 하고 사람에게 고통을 주는 육신적, 도덕적 죄의 창시자이며 각종 재난과 죽음까지도 가져오는 악한 성향을 만드는 장본인이다. 그러므로 사탄은 사람을 부추겨 죄를 짓게 하고 또 기독교를 가로막는 모든 방해 요소의 근원이다.

"자녀들은 혈과 육에 속하였으매 그도 또한 같은 모양으로 혈과 육을 함께 지니심은 죽음을 통하여 죽음의 세력을 잡은 자 곧 마귀를 멸하시며" – 히브리서 2:14(눅 22:31, 눅 13:16)

사탄은 끊임없는 노력을 기울여 영혼들을 멸하고 있으며 사람의 형편과 상태에 따라 여러 계략과 전술을 사용하여 자기의 일을 관철시키기 위해 악한 자와 심지어 선한 자로 우리를 유혹하여 넘어지게 한다. 루시퍼는 사탄이 타락하기 전에 가졌던 이름이다. 사탄은 모든 창조물이 자기에게 경배 드리기를 갈망했으며 심지어 예수 그리스도마저도 자기에게 경배하기를 바랐다.

"이르되 만일 내게 엎드려 경배하면 이 모든 것을 네게 주리라" – 마태복음 4:0

사탄은 단순히 악의 근원이 아닌 한 인격체이다. 사탄은 대단한 능력을 가진 우주의 권세자이며 타락하기 전 하나님의 근위병이었으나 그의 마음속에 창조주와 같이 되려는 교만이 그를 타락으로 이끌었다.

사탄은 세상을 속이는 존재이다. 폭력과 박해로는 교회를 파멸시킬 수 없다는 것을 깨달은 사탄은 교회가 세상과 연합하도록 조용히 작업을 하고 있으며 교회를 미혹하며 적그리스도를 통해 자신의 일을 이루어 가려고 마지막 날까지 노력을 할 것이다.

9-3. 기쁨으로 임하는 생활

내 나름대로 신앙생활을 열심히 하던 중 문득 하나님의 뜻이 무엇이며 하나님이 기뻐하시는 것이 무엇인지 고민하게 되던 시기가 있었다. 나를 위해 살 때는 내가 좋아하는 일을 하면 그만이었지만 하나님을 믿고 난 뒤에는 이야기가 달랐다. 내 인생을 하나님께 맡겼고, 목적이 하나님의 영광이 되었기 때문에 이제는 내가 아닌 하나님이 바라시고, 원하시는 일이 무엇인지를 알아야만 했다. 주님 안에서 성장하는 그리스도인에게 이런 생각은 지극히 당연한 것이지만 교회를 오래 다닌 그리스도인들 중에서도 의외로 자기중심적인 신앙생활을 하는 사람들이 너무도 많다.

나를 구원해 진정한 기쁨을 주신 하나님을 내가 다시 기쁘시게 하는 것은 당연한 일이며 그리스도인이 누릴 수 있는 최고의 기쁨이기에 우리는 먼저 하나님의 뜻과 기뻐하시는 일이 무엇인지를 분별해야하며, 이 제목을 놓고 기도해야 한다. 사람은 누구나 죽은 뒤 하나님의 심판대 앞에 서게 된다. 그때 우리가 받게 되는 평가는 돈이나 명예, 지식으로 이루어지는 것이 아니라 하나님이 기뻐하시는 삶을 살았는가로 이루어지기 때문이다.

"이는 우리가 다 반드시 그리스도의 심판대 앞에 나타나게 되어 각각 선악간에 그 몸으로 행한 것을 따라 받으려 함이라" - 고린도후서 5:10

하나님은 인간을 자기 형상대로 지으셨지만 아담과 하와의 죄로 하나님의 형상이 파괴됐다. 그러나 하나님은 예수님을 보내주셔서 잃어버린 형상을 다시 회복시키셨다.

"그는 보이지 아니하는 하나님의 형상이시요 모든 피조물보다 먼저 나신 이시니" - 골로새서 1:15

그러면 하나님이 기뻐하시는 일이 도대체 무엇일까? '예배, 봉사, 전도, 순종, 기도, 헌금' 등 성도들이 연합하여 교회에서 함께 하는 일들이다. 골로새서 1장 10절에 나오는 "주께 합낭하게 행하여 범사에 기쁘시게 하고 모든 선한 일에 열매를 맺게 하시며 하나님을 아는 것에 자라게 하시고"라는 말씀처럼 우리가 하나님께 기쁨이 되고 행하는 모든 선한 일들은 다시 우리의 성장을 돕는다.

하나님은 우리가 항상 기뻐하며 즐겁게 살아가기를 바라신다. 그러기 위해서 예수님을 향한 믿음이 필요하다. 불순종의 죄로 에덴동산을 떠나 기쁨을 잃은 인류에게 예수님은 기쁨을 회복시키셨기 때문이다. 예수님이 이루어 놓으신 구원의 공로를 매순간 기억할 때 우리는 항상 기뻐할 수 있다. 로마서는 예수님을 온전히 믿는 것이 얼마나 큰 의인지를 다음과 같이 설명한다.

"곧 예수 그리스도를 믿음으로 말미암아 모든 믿는 자에게 미치는 하나님의 의니 차별이 없느니라" - 로마서 3:22

성경을 연구하고 모든 율법을 지키려고 노력하는 서기관과 바리새인보다 더 나은 의는 예수님을 믿음으로 얻는 의라고 성경은 말한다. 서기관과 바리새인은 율법을 연구하며 죄 된 자신을 발견하기보다 율법을 지키고 있다는 자기 의를 세웠다. 그러나 정작 주위에 있는 이웃의 어려움을 외면했고 이런 이들을 향해 예수님은 회칠한 무덤 같다며 심히 책망하셨다. 하나님의 뜻을 올바로 알고 따르는 것이 얼마나 중요한 것인가를 알 수 있는 대목이다.

"화 있을진저 외식하는 서기관들과 바리새인들이여 회칠한 무덤 같으니 겉으로는 아름답게 보이나 그 안에는 죽은 사람의 뼈와 모든 더러운 것이 가득하도다 이와 같이 너희도 겉으로는 사람에게 옳게 보이되 안으로는 외식과 불법이 가득하도다" - 마태복음 23:27-28

믿음과 순종은 별개가 아니라 하나이며 마치 나무와 열매의 관계처럼 이어져 있다. 믿음으로 의롭게 되었으면 순종은 자연스러운 현상으로 따라온다. 성령은 믿음을 성장시켜 주시며 성령의 열매를 맺게 해준다. 내가 하나님께 불순종한다면 어떤 성공을 한다한들 세상의 일일 뿐이다. 무한한 하나님의 사랑을 알게 하시고 주님 안에서 기뻐하는 삶을 통해 하나님을 기쁘시게 하시는 주님께 찬양을 드리는 것이 성도의 할 일이다.

"주 안에서 항상 기뻐하라 내가 다시 말하노니 기뻐하라" - 빌립보서 4:4

9-4. 열매 맺는 생활

높푸른 하늘과 아름다운 산야, 뱀처럼 구비치는 시냇가로 무성히 성장하는 과일 나무들을 본다. 건강히 자라는 나무를 보며 풍성한 열매 또한 기대하게 된다. 과일나무의 목적은 열매를 맺는 것이다. 그 열매는 농부의 땀과 수고도 있지만 때에 맞는 비를 주시고 햇빛을 주어 자라게 하시는 분은 하나님이시다. 영적성장도 이와 같다고 생각한다.

'수레바퀴의 예화'에 보면 건강하고 균형 있는 성장을 돕는 것에 좋은 원리를 제공한다. 힘 있게 굴러가는 수레바퀴에서 언제나 힘의 원천이 되는 축은 예수님이시다. 외부의 태는 그리스도께 순종하는 삶 즉 성품의 열매들로 생활 속에서 작은 선의 실천과 순종이다. 축과 태를 연결하는 살은 말씀, 기도, 교제, 증거 등 다양한 믿음의 요소들이다. 이러한 믿음의 요소들이 해가 거듭할수록 고르게 성장을 이루어 크고 튼튼한 수레바퀴가 될 때 우리를 넘어 뜨리려는 사탄의 돌부리나 문제의 구덩이들도 거뜬히 건너갈 수 있다.

우리는 신앙생활을 통하여 예배드리고 성경을 읽고 공부하고 기도하고 교제와 증거의 믿음의 행위들을 통하여 하나님을 만나고 하나님의 임재를 체험하며 믿음의 성장을 이루어 하나님을 사랑하는 것으로 나타내야 한다. 하나님 사랑은 곧 우리의 생활 속에서 나타나는 성품과 성령의 열매들이다.

기본적인 믿음의 요소에 들여질 때 성령께서 우리의 삶속에 성령의 열매를 맺게 하여 주신다. 성령의 열매는 사랑, 희락, 화평, 오래 참음, 자비, 양선, 충성, 온유, 절제이다(갈 5:22-23). 이러한 성령의 열매와 함께 좋은 성품도 주신다.

●겸손

"무릇 마음이 교만한 자를 여호와께서 미워하시나니 피차 손을 잡을지라도 벌을 면하지 못하리라" - 잠언 16:5

하나님은 교만은 미워하며 겸손하라 말씀하신다. 이것은 생명과 같다.

●믿음

"믿음은 바라는 것들의 실상이요 보이지 않는 것들의 증거니" - 히브리서 11:1

하나님이 약속하신 것을 이루어 주실 것을 믿는 마음의 태도이며 보이지 않는 것들을 신뢰하는 것이다.

● 정직

법과 규정을 지키는 것이며 양심에 거리낌 없는 태도이다. 하나님은 사람의 중심을 보신다. 나의 드러나는 것들은 내 마음의 어떠함의 결과이다.

● 사랑과 섬김

예수님은 우리를 섬기셨다. 예수님을 본받는 제자들이면 다른 사람을 사랑하고 섬겨야 한다. 다른 사람을 섬김은 곧 예수님을 섬기는 것이다.

그밖에도 순결, 친절, 용서, 관용, 순종, 근면 등 많은 성품의 열매를 주신다. 이러한 성품은 그리스도인의 삶 자체이나.

9-5. 마음으로 임하는 생활

성경은 구약부터 신약까지 마음의 중요성을 강조한다.

로마서 10장 10절에는 "사람이 마음으로 믿어 의에 이르고 입으로 시인하여 구원에 이르느니라"라고 나와 있다. 이 말은 가장 중요한 구원이 우리 마음에서 시작된다는 말이기도 하다. 예수님을 마음으로 믿고, 입으로 시인하여 구원에 이르며, 마음속에 주님을 모시고 주님과 교제하며 생활하는 것이 그리스도인의 삶이기에 마음을 제대로 먹는 것은 무엇보다 중요하다.

"그 무엇보다도 너는 네 마음을 지키라 그 마음이 바로 생명의 근원이기 때문이다"- 잠언 4장 23절 표준 새 번역

마음이 어디로 향하느냐에 따라 세상의 가치와 길을 따르는 삶이 되기도 하고, 성령의 성품과 열매를 맺는 삶이 되기도 한다. 다시 말하면 마음은 바로 생명의 근원이 된다. 선한 행위는 이런 마음이 겉으로 들어난 결과이다. 그리고 마음을 지키기 위해서는 반드시 기도가 필요하다.

예전에 직장 동료가 상을 당해 장례식장에 갔을 때의 일이다.

타 지역에서 공장을 관리하던 이사님이 오셔서 이야기를 나누던 중 다른 직원들끼리 화투를 치는 모습이 눈에 들어왔다. 나는 평소 화투를 즐기시는 이사님이셨기에 혹시 화투를 안 치시냐고 물었더니 이사님은 "아니"라는 전혀 뜻밖의 대답을 하셨다.

그러면서 이사님이 하신 말씀이 출근을 할 때마다 사모님이 자신과 아들의 신발을 품고 여러 가지 유혹에서 지켜달라는 기도를 매일 드리셨다고 한다. 그 기도 때문인지 이후로 도박이나 회식 자리에 가려면 발이 잘 안 떨어진다는 말씀을 하셨다. 나는 기

도가 사람의 마음을 변화시키고 지켜줄 힘이 있다는 사실을 믿게 됐다.

인생의 갈림길과 고난이 있을 때 하나님께 무릎을 꿇으면 새로운 힘을 얻고 바른 선택을 할 지혜가 샘솟아 마음을 온전히 주님께 쏟는 기적이 일어난다.

마음을 지키기 위해서는 우리의 모든 행동을 하나님이 감찰하신다는 사실을 진심으로 믿어야 한다. 하나님은 우리의 마음을 살피시며 또한 마음을 지켜주시는 주님이시기 때문이다.

9-6. 사랑으로 임하는 생활

지금 시대의 사랑은 한 가지 뜻만을 나타내고 있지만 고대 그리스에서는 사랑을 4가지 종류로 구분했다.

1. 에로스 - 육체적 혹은 감각적 사랑. 성적 사랑의 개념이 담겨져 있다.
2. 스톨게 - 가족 간의 사랑 혹은 유대로서 대개 자녀에 대한 부모의 사랑을 나타낸다.
3. 펠레 - 정신적, 사회적 사랑. 이 안에는 우정이나 동료애를 의미하며, 하나님과 사람 모두에 대해 사용했다.
4. 아가페 - 영적, 신적 사랑, 이 능력은 하나님께로부터 오며, 그분의 성령에 의해 우리 삶에 실제로 발휘된다. 이 사랑의 핵심은 자기희생이며 이기적이지 않으며 받기보다 주기를

더 좋아하며, 자신의 유익에 관계없이 다른 사람의 안녕을 언제나 진심으로 소망한다.

우리는 본능적으로 아가페 사랑을 갈망한다. 그러나 사람 사이의 관계에서 이 사랑은 도저히 채워지지 않는다. 사랑은 인내하며, 친절하며, 질투하지 않으며, 뽐내지도 않고 교만하지 않으며, 무례하지 않으며, 이기적이거나 공격적이지 않다. 사랑은 불만을 기억하지 않으며, 다른 사람들의 실패를 기뻐하지 않는다. 진실한 사랑은 행동이 따르며 받는 사람의 입장에서 느껴져야 한다.

"사랑은 오래 참고 사랑은 온유하며 시기하지 아니하며 사랑은 자랑하지 아니하며 교만하지 아니하며 무례히 행하지 아니하며 자기의 유익을 구하지 아니하며 성내지 아니하며 악한 것을 생각하지 아니하며 불의를 기뻐하지 아니하며 진리와 함께 기뻐하고 모든 것을 참으며 모든 것을 믿으며 모든 것을 바라며 모든 것을 견디느니라"- 고린도전서 13:4-7

성경이 말하는 하나님은 사랑이시다.

그렇기에 하나님은 우리를 한결같이 사랑해주시지만 연약한 우리는 이웃은 고사하고 내 가족에게도 한결같은 사랑을 줄 수 없는 부족한 존재다. 사랑의 원천이 되시는 하나님은 태양처럼 스스로 빛을 발하지만 나는 하나님께 공급 받을 때만이 빛을 낼 수 있는 반사체이기 때문이다. 대가와 보상을 바람이 아닌 주는 사랑의 마음을 주시도록 늘 성령께 간구 드려야 한다.

모태신앙으로 유서 깊은 믿음의 집안에서 자란 아내와 나의 만남 가운데는 삶의 방식을 비롯한 수많은 가치관의 차이가 있었다. 그러나 이런 아내를 통해 하나님은 나에게 '사랑하면 따르게 된다'는 가르침을 주셨다. 신앙생활도 어쩌면 이와 같은 원리라고 생각한다.

고향에 계신 팔순이 넘는 장인어른과 장모님은 지금도 매일 새벽을 깨워 각처에서 고생하는 자녀들을 위해 눈물로 주님 앞에 무릎을 꿇으신다. 우리 어머님도 소천하시기 전에는 부단히도 자녀들을 위해 기도의 제단을 쌓으셨다. 노령에도 한결같은 사랑을 부어주시는 부모님의 헌신과 사랑을 보며 모든 영혼을 향한 하나님의 간절한 사랑이 이와 비슷한 모습이 아닐까하는 생각이 든다.

내가 누군가에게 사랑 받고 있다면, 내가 누군가를 사랑하고 있다면 그것 이상 더 소중한 것은 없다. 그것도 그 크신 하나님께 사랑을 받고 있다면 얼마나 큰 기쁨일까?

톨스토이는 "인생에서 가장 중요한 순간은 지금이고, 가장 중요한 사람은 지금 나와 함께 있는 사람이며, 가장 중요한 일은 지금 나와 함께 있는 사람을 행복하게 해주는 일이다."라고 말했다. 오늘 나와 함께하는 이들을 사랑하며 작은 행복을 위하여 노력하는 것이 신앙의 중요한 요소가 아닐까 생각한다.

"나의 사랑하는 자가 내게 말하여 이르기를 나의 사랑, 내 어여쁜 자야 일어나서 함께 가자 겨울도 지나고 비도 그쳤고 지면에는 꽃이 피고 새가 노래할 때가 이르렀는데 비둘기의 소리가 우리 땅에 들리는구나 무화과나무에는 푸른 열매가 익었고 포도나무는 꽃을 피워 향기를 토하는구나 나의 사랑, 나의 어여쁜 자야 일어나서 함께 가자 바위 틈 낭떠러지 은밀한 곳에 있는 나의 비둘기야 내가 네 얼굴을 보게 하라 네 소리를 듣게 하라 네 소리는 부드럽고 네 얼굴은 아름답구나" - 아가 2:10-14

9-7. 감사로 임하는 생활

울산 '예비역기독군인회'에서 만나 함께 봉사활동을 하는 한 장로님은 나이가 구순이 넘으셨음에도 늘 정정하시다. 평소 장로님의 건강 비결이 궁금했는데 한 번은 본인의 건강 비결이 담긴 장문의 메시지를 메신저를 통해 보내주셨다.

"미국의 실업가 중에 '스탠리 텐'이라는 박사가 있습니다. 회사를 창업해 돈을 많이 벌어서 유명인이 된 그에게 갑자기 척추암 3기라는 진단이 나왔습니다. 당시 척추암은 수술로도, 약물로도 고치기 힘든 불치병이었습니다.

이 사실이 알려지자 사람들은 아무리 부자여도 그가 곧 절망 가운데 죽을 것이라 생각했는데, 몇 달 후에 오히려 병이 깨끗이 나아 당당히 두 발로 회사에 나왔습니다. 그가 아팠던 것을 알았던 사람들은 단 한 명도 빠짐없이 도대체 어떻게 된 일이냐고 물었고, 그때마다 스탠리 텐은 그저 하나님 앞에 감사만 했을 뿐이라고 대답했습니다. 스탠리 텐은 병상에서 매일 다음과 같이 기도를 했다고 합니다.

'하나님, 병들게 된 것도 감사합니다. 병들어 죽게 되어도 감사합니다. 하나님, 저는 죽음 앞에서도 하나님께 감사할 것밖에 없습니다. 하나님, 무조건 감사합니다.'

그가 다시 회복하게 된 것은 감사 때문이었습니다.

요즘 미국의 정신병원에서는 우울증 환자들을 치료하기 위해서 약물치료보다는 감사에 기반을 둔 심리치료를 더 많이 사용한다고 합니다. 환자들로 하여금 자신의 삶에서 감사한 일들을 찾아내게 하고 감사를 통해 회복하도록 돕는 것입니다. 그런데 놀랍게도 약물치료보다 이 감사치유법이 훨씬 더 효과가 탁월하다고 합니다."

감사에는 우리가 알 수 없는 비밀이 있다.

동일한 하루, 동일한 환경이지만 감사가 우리 삶에 중심축으로 자리를 잡을 때 하나님께서 큰 축복을 주심을 믿어야 한다.

데살로니가전서 5장 16-18절에서 "항상 기뻐하라 쉬지 말고 기도하라 범사에 감사하라 이것이 그리스도 예수 안에서 너희를 향하신 하나님의 뜻이니라" 말씀하신다.

마음에 감사라는 씨앗을 심으면 기쁨이 자란다 하나님을 향한 감사가 우리 안에 있으면 절망, 불평, 미움과 같은 안 좋은 감정의 씨앗들은 자라지 못한다. 우리 마음이 사랑과 감사로 채워질 때 하나님은 우리에게 기쁨과 행복을 주신다. 우리가 기쁘고 행복할 때 사람들은 복음에 끌려들어 온다.

예수님을 통해 하나님과의 관계를 회복한 인생은 즐거워야 하며, 우리가 살아가는 일상의 생활은 감사와 즐거움이 되어야 한다. 모든 것이 하나님이 주신 선물이기 때문이다. 햇볕과 공기를 주시고 아름다운 세상에서 호흡하며 살아갈 수 있도록 생명을 주시고 건강을 주신 하나님께 감사를 드리자.

9-8. 희망적인 생활

희망은 삶 그 자체이다. 희망이 없이는 인생도 없다. 죽음이 찾아오기 전까지 모든 인간에게는 내일이 다시 찾아온다는 희망이 있다. 그 희망이 있기에 우리는 스스로 목숨을 끊지 않고 살아갈 수 있다. 과거에 어려움과 실패가 있더라도 항상 새롭게 출발할 수 있는 희망이 있으면 다시 일어설 수 있다. 희망이 있으면 목표가 생기며 목표가 있으면 자연히 노력하는 사람이 된다.

때가 되면 반드시 좋아진다는 낙관적인 생각, 내일은 반드시 좋아질 것이라는 희망은 지금의 어떤 어려움도 견디게 한다. 별은 낮에도 있지만 어둠이 짙어져야 빛나는 것처럼 말이다.

'탈무드'에는 하나님이 검은 눈동자를 통해서만 사물을 보게 창조하신 이유를 "인생은 어두운 곳을 통해서 밝은 곳을 바라보아야 하기 때문"이라고 설명한다. 그래서 유대인들은 하루가 일몰에서 시작해 동틀 무렵에 끝난다고 생각한다. 하나님을 믿는 사람들의 인생도 그와 같다고 생각한다.

그리스도의 몸 된 공동체인 교회는 세상을 향해 소망을 주며 새로운 삶과 기쁨을 줘야 한다. 자기 민족에게 하나님께로 돌아오라는 예레미야 선지자의 간절한 기도는 오직 하나님께만이 미래가 있고 희망이 있음을 오늘 우리에게 들려주는 메시지이다.

"여호와의 말씀이니라 너희를 향한 나의 생각을 내가 아나니 평안이요 재앙이 아니니라 너희에게 미래와 희망을 주는 것이니라 너희가 내게 부르짖으며 내게 와서 기도하면 내가 너희들의 기도를 들을 것이요 너희가 온 마음으로 나를 구하면 나를 찾을 것이요 나를 만나리라" – 예레미야 29:11-13

어떤 사람을 보며 "저 사람은 잘 될 거야"라고 말할 수 있는 것은 그 사람이 지금 노력하는 모습을 보여주기 때문에 미래의 희망이 보이기 때문이다. 현실에 최선을 다하는 것이야말로 더 나은 미래를 위한 최고의 투자이기에 오늘은 언제나 소중하다. 그러나 이 모든 것의 끝이 죽음이라면 결국 어떤 희망도 존재할 수 없다. 진정한 희망을 품기 위해서라도 예수님의 십자가는 반드시 모든 사람에게 필요하다. 믿음의 씨앗은 희망의 열매를 맺게 하며 하나님의 말씀은 인류에게 진정한 희망을 줄 수 있는 유일한 방법이다.

9-9. 찬양과 예배의 생활

이사야 43장 21절에는 하나님이 인간을 창조하신 목적을 분명하게 제시한다.

"이 백성은 내가 나를 위하여 지었나니 나를 찬송하게 하려 함이니라" – 이사야 43:21

성경은 하나님이 우리를 창조하신 목적이 하나님을 찬양하는 것이라고 분명하게 말한다. 모든 물건이 자신의 목적에 따라 쓰임을 받을 때 보람을 느끼고 행복을 느끼는 것처럼 우리는 찬양을 할 때 하나님의 구원과 사랑에 대한 절대적인 신뢰를 느끼게 된다. 그렇기 때문에 찬양은 단순히 예배의 시작이자 일부분이 아니라 예배에 대한 온전한 이해를 이룰 수 있는 축복과 기쁨의 과정인 것이다. 세상의 온갖 것에 신경을 쓰던 우리가 찬양을 통해 몸과 마음을 하나님께로 돌리면 그로 인해 말씀과 기도로 하나님의 사랑과 뜻을 경험하는 진정한 예배가 시작될 수 있다.

살아계신 하나님 앞에 진실된 모습과 경건한 마음으로 예배하는 것만큼 인간에게 의미있는 행동은 없다. 예배를 통해 하나님의 뜻을 분별함으로 우리의 마음은 새로워지고, 마음이 새로워짐으로 삶도 변화된다.

예수님의 희생으로 하나님께 나아갈 수 있게 된 우리는 예배를 통해 하나님께 영광을 올려드릴 수 있는 자격이 생겼다. 예수님이 수가성 여인에게 신령과 진정으로 예배할 때가 왔다고 말씀하신 것처럼 마음을 다해 최고의 예배를 하나님께 올려드려야 하는 것은 구원받은 성도들의 의무이다.

"아버지께 참되게 예배하는 자들은 영과 진리로 예배할 때가 오나니 곧 이 때라 아버지께서는 자기에게 이렇게 예배하는 자들을 찾으시느니라"– 요한복음 4:23

나는 아내에게 "당신만큼 찬양을 잘하는 사람을 본 적이 없다"라는 말을 가끔 한다. 아내는 목소리가 곱고 찬양을 아주 잘하지만 나는 그렇지 못하다. 그런데 신앙의 기간이 더해지며 찬양에는 깊은 영성이 있음을 조금씩 느낄 수 있었다.

어느 날 운전 중 CD를 통해 흘러나오는 찬양이 참으로 은혜로웠다. '이연수의 찬양'이었는데 아내가 넣어둔 것이었다. 아침, 저녁 출퇴근을 하며 찬양을 들었다. 바쁘고 복잡한 사회생활 속에서 마음의 안정과 평안을 느끼게 되었을 뿐 아니라 찬양을 듣는 시간이 늘어나는 기회가 되었다.

주님과 동행하는 삶에서 찬양과 예배 없이 행복한 동행이 될 수 있을까? 교회에서 뿐 아니라 가정과 여행 중에도 찬양을 듣고 부르면 성령께서 기쁨과 평안을 주신다.

교회 찬양예배, 금요기도회 등 예배 때마다 함께 하는 많은 찬양 중에서 민호기 목사님의 '원하고 바라고 기도합니다'는 참 은혜가 되기에 소개하고자 한다.

"이 세상을 살아가는 동안에 나의 힘을 의지할 수 없으니
기도하고 낙심하지 말 것은 주께서 참 소망이 되심이라

하나님의 꿈이 나의 비전이 되고
예수님의 성품이 나의 인격이 되고
성령님의 권능이 나의 능력이 되길
원하고 바라고 기도합니다

이 세상을 살아가는 동안에 나의 힘을 의지할 수 없으니
기도하고 낙심하지 말 것은 주께서 참 소망이 되심이라

주의 길을 걸어가는 동안에 세상의 것 의지할 수 없으니
감사하고 낙심하지 말 것은 주께서 참 기쁨이 되심이라

하나님의 꿈이 나의 비전이 되고
예수님의 성품이 나의 인격이 되고
성령님의 권능이 나의 능력이 되길
원하고 바라고 기도합니다"

(ⓒ 민호기, 이현임, 김요셉 작사 / 민호기 작곡 / 찬미워십 노래)

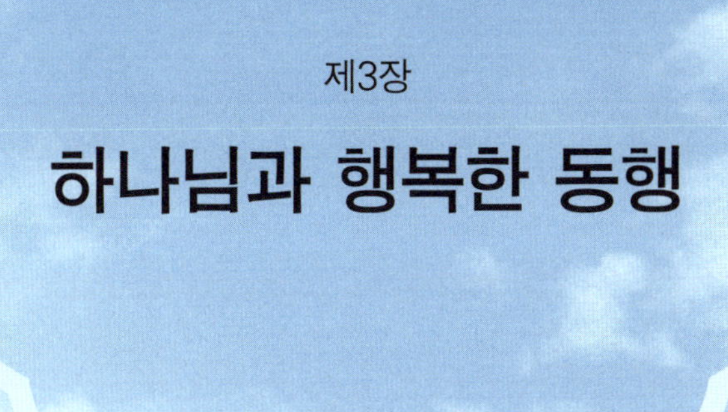

제3장
하나님과 행복한 동행

하나님과 행복한 동행

성경은 우리의 인생을 땅에 잠시 머무르는 나그네에 비유한다. 인생을 태어남과 죽음에 있는 긴 여행이라고 본다면 과연 이 여행의 목적지는 어디이며, 여행 중에 무엇을 얻을 수 있는가를 깨닫는 것은 참으로 중요한 문제다. 같이 공부를 해도, 같이 돈을 벌어도, 배운 지식을 어디에 쓸지 분명한 목적을 가지고 있는 사람은 인생이 다르다. 십여 년 이상을 세계 최고의 부자였던 빌 게이츠가 '기업 사냥꾼, 악마'에서 자선의 대명사가 된 것처럼 인생의 목표를 어떻게 세우느냐는 것은 때로는 한 개인의 삶을 넘어 세상에 영향을 미친다.

인생이라는 여행에서 목적지만큼 중요한 것이 한 가지 더 있다. 바로 누구와 함께 하느냐다. 예전에 영국의 한 신문사에서 '지구 반대편으로 여행을 갈 때 가장 빨리 가는 방법?'에 대해 공모한 적이 있었다. 이때 1등으로 뽑힌 답은 '친구와 함께 가는 것'이었다.

어디든 함께할 수 있는 마음 맞는 친구가 있는 사람은 세상에 부러울 것이 없다. 그런데 성경은 예수님이 우리에게 이런 친구가 되어주신다고 말한다. 나 같은 죄인도 하나님의 자녀로 삼아주신 은혜에, 심지어 세상 끝 날까지 영원히 동행하여 주신다는 것은 성경에 나온 분명한 하나님의 약속이다.

"내가 아버지께 구하겠으니 그가 또 다른 보혜사를 너희에게 주사 영원토록 너희와 함께 있게 하리니"– 요한복음 14:16

예수님은 지금도 성령을 통해 우리의 하루를 인도해주시며 마지막까지 돌봐주신다. 예수님은 능히 그럴 힘이 있으신 분이고 또 성경을 통해 분명하게 약속하셨다. 그러나 내가 예수님을 진정으로 믿지 않고 인류의 유일한 구원자로 받아들이지 않는다면 아무리 놀라운 은혜와 사랑도 내 삶에 아무런 영향을 미치지 못한다. 내가 신뢰하지 못하고 함께 할 생각이 없는데 상대방이 엄청난 부자고 유명한 사람이라 할지라도 무슨 소용이 있겠는가? 마찬가지로 예수님을 진심으로 신뢰하는 사람만이 마음을 열어 주님을 따를 수 있고 세상의 창조주와 인생 여행을 함께하는 멋진 경험을 할 수 있다.

그러기 위해서는 먼저 성경을 알아야 하고 성경이 말하는 예수님을 알아야 한다. 모든 성경은 예수님을 증거하고 있으며 그 가운데 세상을 살아가는 지혜와 지식의 보고가 감추어져 있기 때문이다.

"너희가 성경에서 영생을 얻는 줄 생각하고 성경을 연구하거니와 이 성경이 곧 내게 대하여 증언하는 것이니라" - 요한복음 5:39

"내가 너희와 라오디게아에 있는 자들과 무릇 내 육신의 얼굴을 보지 못한 자들을 위하여 얼마나 힘쓰는지를 너희가 알기를 원하노니 이는 그들로 마음에 위안을 받고 사랑 안에서 연합하여 확실한 이해의 모든 풍성함과 하나님의 비밀인 그리스도를 깨닫게 하려 함이니 그 안에는 지혜와 지식의 모든 보화가 감추어져 있느니라" - 골로새서 2:3

인생이 여행이라는 것을 깨닫고 예수님을 믿음으로 바른 목적지가 어딘지 알고 주님의 뜻에 순종하며 주님과 동행하는 사람은, 세상 어디에서도 찾을 수 없는 진정한 기쁨과 행복을 누린다. 이 장에서는 구약과 예수님이 오시기 전 시대 그리고 예수님에 대하여 좀 더 알아보도록 하겠다.

10. 성경 알아가기

10-1. 진리의 말씀인 성경

영국에선 1500년대에 로마 가톨릭만 종교로 인정됐으며 모든 성경은 라틴어였다. 교회의 허락 없이 성경을 번역하는 것은 불법이었기에 라틴어를 모르는 대부분의 영국인은 성경을 읽을 수가 없었다. 이런 와중에 윌리엄 틴데일은 "성경을 직접 읽지 않으면 진리를 알 수 없다"며 목숨을 걸고 성경을 영어로 번역했다. 안타깝게도 그는 성경을 번역하던 중에 체포되어 교수형을 당했으며 그 후에 또 화형에 처하는 극형을 받았다. 지금은 아무나 편하게 구해, 누구나 읽을 수 있는 성경이지만 당시 사회의 분위기에서 성경은 일반인이 감히 범접할 수 없는 높은 위치에 있었다.

처참한 죽음으로 중단된 윌리엄 틴데일의 꿈은 1517년 루터에 의해 이루어졌다. 독일 비텐베르크 성당에 붙여놓은 루터의 논제는 엄청난 파장과 함께 종교개혁으로 이어졌고, 이후 바르트부르크 성(Wartburg Castle)에 은거 생활 기간 중 에라스므스의 헬라어판 신약성경을 독일어로 번역했다.

이 번역본은 당시 소수 귀족들과 사제들만 읽을 수 있었던 성경이 인쇄술의 발달과 맞물려 널리 보급될 수 있었고 진리의 말씀을 접한 성도들이 점차 늘면서 종교개혁이 가속됐다. 이런 역사적인 상황과 믿음의 위인들의 끝없는 희생으로 지금의 기독교가 있을 수 있었고 이제는 누구든 쉽게 다양한 성경을 접하고 읽을 수 있게 된 것이다.

그러나 너무 쉽게 구할 수 있어서인지 나를 비롯한 대부분의 성도들이 성경을 소홀히 대하고 열심히 읽지도 않는다. 성경은 다른 종교의 경전과는 다르게 그저 좋은 말이나 역사를 기록해놓은 것이 아니다. 성경은 하나님의 말씀으로 영의 양식이며 신앙의 표준이 되는 신앙생활의 나침반과 같은 책이다. 신앙이란 하나님과 그의 말씀인 성경을 믿는 것으로 이는 하나님을 믿으면서 그의 말씀을 믿지 않을 수 없기 때문이다.

물론 성경은 분량도 엄청나고 말씀도 깊고 어려워 쉽게 읽을 엄두가 나는 책은 아니다. 하지만 그럼에도 시간을 내어 묵상하고 공부할 가치가 충분히 있는 책이다. 성경은 이제까지 알려진 가장 위대한 이야기며, 하나님의 크신 사랑이자 구원의 방법을 알 수 있는 유일한 이야기이다. 성경은 내가 세상에 태어난 이유와 우리 인생의 진짜 의미가 무엇인지 알고 싶다면 좋든 싫든 반드시 읽어야 할 책이다. 수십 세기 이전에 쓰인 성경 말씀은 지금도 여전히 변함없는 진리이며 하나님의 말씀인 성경만이 영적 굶주림을 채워줄 수 있다. 때문에 수천 년이 지난 지금까지도 숱한 공격에도 불구하고 성경이 살아남아 있고 또한 많은 사람들을 변화시키고 있는 것이다.

10-2. 구약 이야기

창세기는 인류의 시작에서 노아, 아브라함, 이삭, 야곱 그리고 이스라엘의 12지파의 족장사를 기록하고 있다. 출애굽기와 신명기, 사무엘상을 통해 모세가 그의 민족을 이집트에서 약속의 땅으로 이끌어가는 이야기와 모세에 이어 여호수아는 약속의 땅을 확장시킨다. 여호수아의 뒤를 이어 하나님은 군사와 정치 지도자인 사사들을 세우셨다. 기드온, 삼손, 사무엘이 다스리던 중 백성은 왕을 요구하였고 사울이 왕으로 선택되었다. 사무엘상, 열왕기상에서는 사울의 불순종으로 사무엘은 다윗을 택하여 세운다. 왕이 된 다윗은 주변국을 굴복시키고 왕국의 경계를 확장하였다. 다윗의 많은 아들 중 솔로몬이 왕위를 계승하며 하나님은 지혜를 구한 솔로몬에게 부와 명예도 주었다. 솔로몬은 화려한 궁과 성전을 건축하고 언약궤를 그곳에 두어 예배와 제사 중심으로 삼았다. B.C. 931 솔로몬이 죽고 그 아들이 왕위를 계승하자 북쪽 지파들은 솔로몬의 신하였던 자를 왕으로 삼았다.

북 이스라엘은 19명의 왕이 재위하며 줄곧 혼란과 죄악을 행하던 중 B.C. 722년 앗수르에 의해 사마리아성이 함락되며 왕국은 사라졌다. 반면에 대부분 다윗의 후손들인 남 유다는 20명의 선왕과 또 악한 왕이 통치하였다. 남 왕국은 B.C. 586년 앗수르를 무너뜨린 바벨론에게 예루살렘이 함락되며 성전은 파괴되고 바벨론의 포로로 잡혀 가게 된다. 열왕기하, 예레미아, 에스겔, 이사야, 학개, 스가랴, 에스라, 느헤미아에서 B.C. 538년 바벨론을 무너뜨린 페르시아 정부는 포로들을 돌려보내어 성전을 재건하고 유대 공동체의 질서를 세우도록 했다. 귀환한 스룹바벨은 유대인들의 성전을 재건하고, 서기관 에스라는 바벨론 포로생활 이후에 성스러운 문서들을 수집, 재편집하여 성경을 정리하며 서기관과 제사장이 길러지는 율법학교로 발전되어갔다. 학개, 스가랴, 말라기 선지자를 끝으로 하나님은 침묵하셨다. 포로시대를 통하여 회당 문화와 성경을 필사하는 서기관이 생겨나며 유대교가 시작된다.

성경을 요약하여 볼 수는 있지만 성경 속의 감추어진 보배와 영성은 예배시간을 통하여 또 성경을 읽으며 찾을 수 있다. 성경은 거울과 같다고 하였다. 성경은 삶의 거울이 되어 동일한 성경 말씀을 읽어도 그때마다 새로운 영성과 교훈을 주신다.

잠언 2장 4-5절 "은을 구하는 것같이 그것을 구하며 감춘 보배를 찾는 것같이 그것을 찾으며 여호와 경외하기를 깨달으며 하나님을 알게 되리니"라고 말씀하신다. 잠언의 지혜와 시편의 아름다운 찬양의 노래와 전도서의 교훈 등 모든 성경은 영원한 생명의 보고이다.

성경은 헬라(그리스) 알렉산더 대왕의 정복과 유대 헤롯대왕 통치 기간 사이의 역사에 대한 언급이 없다. 말라기 선지자를 보낸 B.C. 400년부터 예수님이 오실 때까지 하나님은 이 땅에 말씀을 내려보내지 않으셨다. 성경학자들은 이 기간 하나님은 침묵하셨지만 예수그리스도를 이 땅에 보내셔서 복음이 전파될 수 있도록 준비하셨다고 말하고 있다.

인류의 불순종으로 풍성한 하나님의 관계는 깨어지고 인간은 하나님으로부터 분리되었지만 처음 범죄 했던 바로 그때에 하나님은 창세기 3장 15절에서 여인의 후손으로 사탄을 멸하게 되리라 말씀하시며 인간이 하나님과 다시 연합할 수 있는 길을 약속하셨다. 모든 성경은 그때 이후로 예수그리스도로 구속의 완성까지 (갈 4:4-7) 이 약속을 성취해 오셨는지를 기록하고 있다 .

이처럼 성경은 여러 곳에서 하나님의 약속과 기다림과 성취를 말씀하신다. 전도서 3장 1절에서 "범사에 기한이 있고 천하만사가 다 때가 있나니" 말씀에서 하나님의 때가 있음을 알 수 있다. 하나님께서 기다림을 주신 400년 기간 성경의 배경이 되는 이스라엘 지역을 중심으로 예수님이 오시기 전 시대의 역사의 한 부분을 찾아보며 신약성경 이해에 도움을 가져 본다.

10-3. 신 · 구약 중간사

B.C. 538년 바벨론을 무너뜨린 페르시아(바사)는 이후 200여 년 동안 중동지역을 재패하며 지중해 너머 유럽까지 세력을 확장하려 하지만 B.C. 333년 그리스 알렉산더 대왕에게 멸망하게 된다. 아리스토텔레스의 수제자인 젊은 알렉산더 대왕은 혜성처럼 나타나 아시아를 재패하며 가는 곳마다 헬레니즘 문화와 헬라(그리스)어가 전파하게 된다.

신약성경이 헬라어로 기록된 것은 이러한 배경을 가지기 때문이다. 알렉산더 대왕은 합리적이고 이성적인 학문을 전 세계에 전파하지만 32세에 요절하며 그리스 제국은 분열의 길을 걷게 된다. 다음 왕조들도 대왕의 유지를 받들어 헬레니즘(그리스풍의) 문화가 전파되지만 헬라 제국은 3개 왕조로 분열된다. 그 중 팔레스타인 땅에 영향을 크게 미친 애굽의 프톨레미 왕조와 수리아를 지배하던 셀류쿠스 왕조를 알아본다. B.C. 303-197년까지 애굽의 헬라 왕조는 유대인들에게 관대한 문화정책으로 통치하게 된다. 수도를 알렉산드리아에 정하여 세계 문화의 중심으로 만든다. 이 때 애굽 등으로 흩어진 유대인들을 위하여 '히브리어 성경'이 헬라어로 번역되는데 이것이 '구약 70인역 성경'이다.

B.C. 197부터 유대 지방은 다시 북방 셀류쿠스 왕국의 지배를 받게 된다. 그들은 헬라 문화를 위하여 강압적인 계몽운동을 펼친다. 특히 안티오쿠스 4세는 잔혹한 인물로 성전을 더럽히고 율법책을 불에 태우며 종교탄압과 포악한 통치를 하게 된다. 이러한 폭거에 항거하여 모데인 지도자 맛디아는 그의 다섯 아들과 함께 저항하였으며 그가 죽은 후 셋째 아들 유다가 주도하여 헬라 시리아 군사를 게릴라전으로 연전연승을 거두며 예루살렘 성전 회복에 성공한다. 이것이 마카비 운동이다. B.C. 164년 안티오쿠스 4세가 로마 폼페우스 장군에게 전사하며 종교탄압이 멈추게 된다.

'하스몬 왕조'는 B.C. 164~63년까지 100년을 지속하게 된다. 신앙회복을 위한 마카비 운동이었으나 왕조가 세워지며 정치에 몰입한 결과 유다의 헬라화를 촉진하게 된다. 이러한 것에 경건한 유대인이 반기를 들고 나온 것이 바리새파이다. 율법주의자인 바리새파는 자기들이 '하나님을 가장 잘 믿는다'라고 생각했다. 그러나 바리새파는 메시아로 오신 예수님을 가장 대적하는 모습을 보인다. 이후 하스몬 왕조는 땅을 넓히며 안팎으로 나라를 튼튼히 만들지만 왕조가 이어지며 내부 권력 다툼으로 몰락하게 된다. 하스몬 마지막 왕의 두 아들이 왕위를 두고 싸우다 로마 폼페우스 장군에게 정통성 심판을 받자하고 이들의 초청으로 로마군대는 전쟁 없이 예루살렘을 점령하였다. 왕조 계승자들이 로마 지배 아래서 다스렸지만 B.C. 37년 하스몬 왕조는 몰락하고 로마 점령 시대가 시작된다.

로마는 점령한 나라의 현지 문화와 종교를 인정하며 천부장, 백부장을 두어 문제를 해결하였다. 이러한 배경으로 폼페우스는 자신을 도와준 이두매 사람 안티파스에게 이두매 지역을 다스리게 한다. 안티파스는 아들 파사엘에게는 예루살렘 총독을, B.C. 47년 헤롯에게는 갈릴리 총독을 임명한다.

헤롯은 로마에 의해 B.C. 37년 유대인의 왕이 되었으며 로마 정부와 유대인들과의 우호적인 관계 유지를 위해 노력한다. 그는 에돔 사람으로 유대 왕조의 정통성이 없는 것이 약점이었다. 정통성 확보와 백성의 호감을 사려고 기울어져가는 하스몬 왕가 딸 미리암과 혼인하며, 예루살렘 대신전 신축 등 그 외 많은 업적을 남긴다. 그러나 그의 성격은 난폭하고 잔인하여 자신의 왕권 보전을 위해 왕비 미리암의 남동생, 어머니, 두 아들과 아내 미리암도 죽인다. 이러한 헤롯 대왕에게 동방박사 세 사람이 찾아와 유다와 이스라엘을 다스릴 왕이 탄생했다는 말을 한다. 그 말을 들은 그가 내린 명령과 예수탄생 이야기는 성경 마태복음 2장 16-18절에 기록하고 있다.

시간을 넘어 B.C. 80년 로마에는 카이사르, 폼페우스, 크라수스

삼두정이 제국을 나누어 다스리던 중 카이사르가 무적의 지도자로 올라선다. 무장을 하고 루비콘 강을 건넌 카이사르에게 맞서야할 폼페우스는 오히려 이집트로 도망쳤으나 B.C. 49년 그곳에서 암살당한다. 이집트에서 카이사르는 프톨레미 왕조의 클레오파트라에게 유혹을 받고 그와 사랑에 빠지며 그의 많은 요구를 다 들어준다. 그러나 카이사르는 B.C. 44년 부하 브르투스에게 암살당한다. 그 후 카이사르의 동지였던 안토니우스가 클레오파트라와 연합한다. B.C. 31년 카이사르의 양자였던 옥타비아누스와 악티움에서 해전을 하지만 옥타비아누스에게 패하며 안토니우스와 클레오파트라는 자결한다.

B.C. 27년 절대 권력을 가지게 된 옥타비아누스는 '존엄자'라는 의미의 아우구스투스(가이사 아구스도)로 이름을 바꾸고 대로마제국의 새로운 황제가 된다. 이후 로마는 초강대국이 되며 로마의 평화(Pax Romana)가 계속된다. 천하를 통일한 아우구스투스 황제는 제국에 얼마나 많은 사람이 거주하는지, 세금을 얼마나 낼 수 있는지를 알아 보기 위해 인구조사를 벌인다. 이스라엘 사람들은 인구조사를 받기 위해 각기 고향으로 보내 신고하게 된다. 성경은 누가복음 2장 1절에서 "그때에 가이사 아구스도가 영을 내려 천하로 다 호적하라 하였으니"라고 기록하고 있다.

11. 예수님 알아가기

11-1. 예수님의 탄생과 새로운 시대

헤롯 대왕(B.C. 37-B.C. 4) 통치 때 마리아는 나사렛의 요셉과 약혼 중 천사의 방문을 통해 성령의 역사로 임신할 것을 듣고 순종하여 받아들인다. 요셉은 파혼하려 했으나 천사가 꿈에 나타나 마리아가 잉태한 아기는 성령으로 잉태된 하나님의 아들이라 일러주며 "이름을 예수라 지으라" 명했다.

다윗의 후손인 요셉은 만삭이 된 약혼녀인 아내와 고향 베들레헴에 가서 호적신고를 해야 했다. 갈릴리 지역 나사렛을 떠나 나귀를 타고 몇 날이나 걸리는 베들레헴으로 향하게 된다. 12지파 중 제일 후손이 많은 유다 후손들이 전국에서 베들레헴으로 다 몰려들어 여관이 없어 말구유에 유숙하게 된다. 이 과정에서 메시야로 오신 하나님의 아들 예수 그리스도는 베들레헴에서 탄생하신다. 이로서 미가 5장 2절, 이사야 11장 1절의 예언을 이루셨다.

예수님은 왜 로마시대 중동의 작은 땅에 오셔야 했을까? 이 부분을 설명하는 성경학자들의 말을 빌리면 "이때의 로마는 모국어 라틴어가 아닌 헬라(그리스)어를 공용어로해서 언어가 통일되었다. 행정이 통일되어 말씀이 장애 없이 땅 끝까지 갈 수 있었다. 도로가 완비되고 해로가 확충되었다. 그리고 그 땅에 오신 이유는 하나님이 아브라함에게 복의 근원이 될 것을 약속하셨기 때문이다. 예수님은 아브라함과 다윗의 자손으로 이스라엘 땅에 오셨다"고 말한다.

예수님은 베들레헴에서 탄생 후 나사렛에서 성장하며 약 30세까지 목수를 직업으로 살았다. 예수님은 요단강에서 죄의 회개와 용서를 촉구하며 그 상징으로 물로 세례를 베푸는 세례 요한에게 세례를 베풀게 하여 요한은 예수님께 세례를 베풀었다. 그 후 예수님은 성령의 인도로 광야로 가서 금식과 기도로 40일을 지내셨다. 마귀가 시험하였으나 승리하자 천사들이 그의 시중을 들었다. 얼마 후 세례 요한이 옥에 가두어지며 이때부터 예수님은 사역을 본격적으로 시작하신다.

11-2. 예수님의 사역 시작

복음서를 보면 예수님은 고향인 갈릴리 지역에서부터 사역을 시작하셨다. 예수님의 사역으로 수많은 치유와 기적이 일어났으며, 귀신들이 달아나고 권위 있는 가르침이 퍼졌다. 예수님에 대한 소문은 삽시간에 퍼져 예수님이 가는 곳마다 군중들이 몰려들었다. 예수님은 수많은 사람들 중 복음의 사역을 감당할 제자들을 세우셨고, 가는 곳마다 하나님의 나라와 삶에 대해 참된 말씀을 전해주셨다. 이 말씀을 통해 우리는 그리스도인의 삶의 기준과 교훈을 배울 수 있는데 그중 마태복음 5장부터 7장에 나오는 '산상

수훈'에는 참된 행복이 어디로부터 오는지 적혀있다.

하나님의 축복은 겸손한 자, 세상의 죄 많음을 탄식하는 자, 온유하고 선한 일에 헌신하는 자, 자비로우며 하나님을 섬기는 자, 화평케 하는 자이다. 이는 세상이 생각하는 행복의 기준과는 너무도 달라 지금도 우리들에게 충격을 준다.

당시 유대인들도 이런 충격을 받았다. 예수님을 거칠게 비난하는 율법학자들에게 예수님은 "율법적 도덕을 폐하러 온 것이 아니라 완성하러 왔다"라고 강조하셨다. 이는 살인하지 않는 것이 중요한 게 아니라, 살인으로 이끄는 분노의 마음을 버리는 것이 중요하며, 간음하지 않는 것이 중요한 게 아니라, 간음으로 이끄는 음란한 생각과 행실까지도 버려야 한다는 뜻이다. 유대 율법은 받은 만큼 복수하는 것이 원리였지만 예수님은 "악도 선으로 갚고 오른뺨을 때리는 사람에게 왼뺨도 대라"고 가르치셨다.

경건이나 자선도 마찬가지다. 다른 사람을 돕고 위하는 것은 당연히 해야 할 일이다. 하지만 때때로 이런 자선을 나를 내세우기 위해서 하고 있지는 않은가? 누구에게 보여주기 위해서 하고 있지는 않은가? 하나님의 믿음을 지키기 위해 진밀로 그 영혼을 사랑하는 마음으로 자선과 봉사가 나와야 한다는 것이 예수님이 우리에게 가르치신 말씀이다.

또 예수님은 하나님의 나라를 위하는 삶을 위해 세상에서의 문제를 걱정하지 말라고 말씀하셨다. 주님은 나에게 필요한 것이 무엇인지 아신다. 길가의 새들과 꽃들이 사는 걱정을 하지 않는 것처럼 하나님을 믿으면 모든 것을 채워주신다는 믿음을 가질 때 세상의 모든 문제들을 근심하지 않게 된다.

예수님은 하나님의 나라에 대해 가르치시면서 그리스도인들이 삶에서 필요한 방식들에 대해서도 말씀해주셨다. 구약의 그 수많은 율법들을 예수님은 '황금률' 즉 "남에게 대접받고자 하는 대로 대접하라"는 한 말씀으로 요약하셨고, "다른 사람을 비판하지 말고 오직 주님의 말씀을 반석으로 삼아 그 위에 믿음이라는 집을 세우라"고 당부하셨다.

마태복음 13장, 누가복음 10장에서 예수님은 계속해서 사마리아인의 비유를 통해 이웃의 역할을 가르치셨고, 하나님의 말씀이 어떻게 마음에 심기고 자라나는지를 씨 뿌리는 비유로 설명하셨다. 마태복음 25장을 통해서 예수님은 약하고 어려운 사람들을 돕는 것이 얼마나 중요한지 말씀하셨다. 심지어 예수님은 연약한 사람들을 돕지 않는 것은 자기를 돕지 않는 것과 같다면서 이런 사람들은 지옥에 갈 것이라고 하셨다.

11-3. 새로운 삶의 방식

성경을 하나님의 말씀으로 믿는 사람은 이제 완전히 다른 삶을 살아가게 된다. 같은 곳에서 같은 몸을 가진 같은 삶처럼 보이지만, 믿는 것이 다르고 인생의 목표가 다르기 때문에 삶의 내용이

180도 달라진다. 진정으로 변화된 성도는 굳이 사방팔방 신앙을 자랑하지 않아도 달라진 삶으로 주위 사람들이 먼저 알아본다. 무작정 달라진다는 막연한 이해를 피하기 위해서 말씀을 기반으로 예수님이 우리의 삶에서 원하시는 변화들을 하나씩 살펴보겠다.

● 참다운 행복

세상에는 참으로 즐거운 일들이 많다. 잠을 푹 자도 행복하고, 맛있는 것을 먹어도 행복하고, 좋은 사람들을 만나 나누는 짧은 대화를 통해서도 우리는 행복을 느낀다. 그런 행복은 정말로 일시적인 것이기에 우리는 진정한 행복을 찾아, 더 나은 쾌락을 찾아 인생을 허비한다. 그러나 예수님을 믿음으로 구원받은 사람들에게는 절대로 채울 수 없을 것 같았던 마음의 공허함이 채워지는 기적이 일어난다. 더 이상 세상의 즐거움과 행복을 찾아서가 아니라 하나님이 주시는 마음의 행복을 누리며 살아가게 되는 것이다.

"예수께서 무리를 보시고 산에 올라가 앉으시니 제자들이 나아온지라 입을 열어 가르쳐 이르시되 심령이 가난한 자는 복이 있나니 천국이 그들의 것임이요 애통하는 자는 복이 있나니 그들이 위로를 받을 것이요 온유한 자는 복이 있나니 그들이 땅을 기업으로 받을 것임이요 의에 주리고 목마른 자는 복이 있나니 그들이 배부를 것임이요 긍휼히 여기는 자는 복이 있나니 그들이 긍휼히 여김을 받을 것임이요 마음이 청결한 자는 복이 있나니 그들이 하나님을 볼 것임이요 화평하게 하는 자는 복이 있나니 그들이 하나님의 아들이라 일컬음을 받을 것임이요 의를 위하여 박해를 받은 자는 복이 있나니 천국이 그들의 것임이라 나로 말미암아 너희를 욕하고 박해하고 거짓으로 너희를 거슬러 모든 악한 말을 할 때에는 너희에게 복이 있나니 기뻐하고 즐거워하라 하늘에서 너희의 상이 큼이라 너희 전에 있던 선지자들도 이같이 박해하였느니라" – 마태복음 5:1-12

● 빛과 소금

사람은 자기와 비슷한 사람들과 있을 때 안정감과 동질감을 느낀다. 그래서 비슷한 일을 하는 사람들끼리 회사를 세우고, 비슷한 취미를 가진 사람들끼리 동호회를 만들고, 비슷한 성향을 가진 사람들끼리 친구가 된다. 그리스도인들도 자칫하면 이 함정에 빠져 믿는 사람들끼리만 관계를 가질 수 있다. 그러나 성도의 일터는 세상이며 우리의 목적도 믿지 않는 사람들을 전도하는 것이다. 예수님은 나에게, 그리고 우리에게 세상의 빛과 소금이 되라고 분명히 말씀하셨다.

"너희는 세상의 소금이니 소금이 만일 그 맛을 잃으면 무엇으로 짜게 하리요 후에는 아무 쓸 데 없어 다만 밖에 버려져 사람에게 밟힐 뿐이니라 너희는 세상의 빛이라 산 위에 있는 동네가 숨겨지지 못할 것이요 사람이 등불을 켜서 말 아래에 두지 아니하고 등경 위에 두나니 이러므로 집 안 모든 사람에게 비치느니라 이같이 너희 빛이 사람 앞에 비치게 하여 그들로 너희 착한 행실을 보고 하늘에 계신 너희 아버지께 영광을 돌리게 하라" – 마태복음 5:13-16

● 분노

　예수님을 믿고 따르는 그리스도인이라 하더라도, 그 이전의 삶에 비해 모든 성품이 나아진 삶이라 하더라도, 아직 땅에서 살아가기에 모든 성정을 참고 다스릴 수는 없다. 아무리 예수님을 믿고 따른다 하더라도 억울한 일을 당하면 화가 나고, 슬픈 일을 당하면 낙심하기 마련이다. 말씀도 이 사실을 분명히 알기에 우리에게 화가 날 때 화를 내지 말라고 요구하지 않는다. 다만 화를 다스리고 잘못을 사과하라고 한다. 사람의 한계를 인정하고 하나님의 도우심을 구할 때 우리의 분노와 죄를 다스릴 수 있게 된다.

"옛 사람에게 말한바 살인하지 말라 누구든지 살인하면 심판을 받게 되리라 하였다는 것을 너희가 들었으나 나는 너희에게 이르노니 형제에게 노하는 자마다 심판을 받게 되고 형제를 대하여 라가라 하는 자는 공회에 잡혀가게 되고 미련한 놈이라 하는 자는 지옥 불에 들어가게 되리라 그러므로 예물을 제단에 드리려다가 거기서 네 형제에게 원망들을 만한 일이 있는 것이 생각나거든 예물을 제단 앞에 두고 먼저 가서 형제와 화목하고 그 후에 와서 예물을 드리라."
– 마태복음 5:21-24

● 맹세

　한국에서 가장 많이 일어나는 범죄가 사기라고 한다. 그런데 이 사기는 약속을 기반으로 일어난다. 지켜야 할 약속이 오히려 속이는 범죄로 가장 많이 변한다는 것은 사람 사이의 믿음과 신뢰의 기반이 얼마나 빈약한지를 보여주는 지표라고도 할 수 있다. 그러나 하나님이 우리에게 주신 은혜의 약속은 결코 변함이 없다. 그렇기에 이 약속을 믿는 사람들은 이후의 약속과 맹세를 지키는 기준도 분명히 달라져야 한다.

"또 옛 사람에게 말한바 헛맹세를 하지 말고 네 맹세한 것을 주께 지키라 하였다는 것을 너희가 들었으나 나는 너희에게 이르노니 도무지 맹세하지 말지니 하늘로도 하지 말라 이는 하나님의 보좌임이요 땅으로도 하지 말라 이는 하나님의 발등상임이요 예루살렘으로도 하지 말라 이는 큰 임금의 성임이요 네 머리로도 하지 말라 이는 네가 한 터럭도 희고 검게 할 수 없음이라 오직 너희 말은 옳다 옳다, 아니라 아니라 하라 이에서 지나는 것은 악으로부터 나느니라 "- 마태복음 5:33-37

●복수

심리학자들에 의하면 말을 못 하는 갓난아기들도 억울한 일을 당한 아기가 상대방을 때리면 놀라지 않고 당연한 일로 받아들인다고 한다. 당한 만큼 갚아주는 것은 어쩌면 인간의 본성에 기반한 세상의 보편적 법칙이라고 생각할 수도 있다. 그러나 우리의 추악한 죄를 값없이 용서하여 주시고 영생을 주신 하나님의 사랑을 믿는 그리스도인들은 이제 복수와 정죄라는 세상의 법칙이 아닌 사랑이라는 주님의 법칙을 따라 살아야 한다.

"또 눈은 눈으로, 이는 이로 갚으라 하였다는 것을 너희가 들었으나 나는 너희에게 이르노니 악한 자를 대적하지 말라 누구든지 네

오른편 뺨을 치거든 왼편도 돌려 대며 또 너를 고발하여 속옷을 가지고자 하는 자에게 겉옷까지도 가지게 하며 또 누구든지 너로 억지로 오 리를 가게 하거든 그 사람과 십 리를 동행하고 네게 구하는 자에게 주며 네게 꾸고자 하는 자에게 거절하지 말라” – 마태복음 5:38-42

● 원수

예수님은 세상에 속해 하나님과 원수가 된 인간들을 구원하러 오셨다. 그리고 정말로 구원하셨다. 그렇기에 이 놀라운 은혜를 믿고 변화된 사람들은 원수를 사랑할 수 있고 원수를 위해서 기도할 수 있다.

“또 네 이웃을 사랑하고 네 원수를 미워하라 하였다는 것을 너희가 들었으나 나는 너희에게 이르노니 너희 원수를 사랑하며 너희를 박해하는 자를 위하여 기도하라 이같이 한즉 하늘에 계신 너희 아버지의 아들이 되리니 이는 하나님이 그 해를 악인과 선인에게 비추시며 비를 의로운 자와 불의한 자에게 내려주심이라 너희가 너희를 사랑하는 자를 사랑하면 무슨 상이 있으리요 세리도 이같이 아니하느나 또 니희가 니희 형제에게민 문인하면 님보다 디하는 깃이 무엇이냐 이방인들도 이같이 아니하느냐 그러므로 하늘에 계신 너희 아버지의 온전하심과 같이 너희도 온전하라” – 마태복음 5:43-48

11-4. 진리의 교훈

성경을 매일 같이 묵상하며 내 생활을 변화시켜주고 진리를 깨닫게 해준 귀한 말씀들을 함께 나누고자 한다. 또한 이 말씀들처럼 인생의 귀한 교훈과 힘이 되어준 말씀들을 잘 모아서 하나님이 삶에 베푸신 크나큰 은혜들을 잊지 않고 기억하는 삶을 살아갔으면 하는 바람이다.

"너희가 이것을 알고 행하면 복이 있으리라" – 요한복음 13:17(마 6장, 마 7장)

11-5. 예수 그리스도는 누구신가?

예수님은 과연 누구일까?

무신론자들은 예수님에 대해 누군가 지어낸 허상이라고 얘기하고 어떤 역사학자들은 신격화된 정치사범이라고 이야기한다. 그러나 한 가지 확실한 것은 예수님은 역사적으로 실존하신 분이다. 그리고 예수님을 인정하지 않았던 당시의 사람들 그리고 현재의 사람들도 예수님을 '보통사람'으로 생각하지 않는다는 것이다.

예수님은 마구간에서 태어나시고 목수의 가정에서 자라셨음에도 권위 있는 교훈과 설교를 어디서나 전하셨다. 당대의 학자들, 정치인 및 종교지도자들까지 놀랄 정도였고 더욱 놀라운 것은 많은 사람들이 하나님의 아들로 경배했다는 사실이다. 여기에 부활이라는 도저히 믿기 힘든 이야기도 더해졌다. 그런데 이 허무맹랑한 것처럼 보이는 이야기를 직접 경험했다는 제자들이 많았고, 그 제자들은 하나같이 평생을 예수 그리스도의 복음만을 위해 살다가 죽거나 순교했다.

예수님의 부활이 거짓이라면 이런 현상들은 도저히 설명하기 어렵다. 예수님이 살아계실 때도 떡고물이나 먹으러 왔다가 조금만 어려운 상황이 되면 도망치고 심지어 예수님을 부인했던 제자들이 왜 예수님이 돌아가신 후에 어떤 권력과 명예도 얻지 못했음에도 생명을 바치면서까지 예수님이 하나님의 아들이라고 전했을까? 진실 여부를 떠나 이런 사실들은 사람이라면 누구나 받아들이기가 쉽지 않다.

당시 상황에 비추어 예수님의 생애를 조명해보자. 유대인들은 미래에 이스라엘을 통치할 메시야가 올 것을 믿고 있었지만 메시야가 사람들을 섬기기 위해 고난을 받을 것은 상상하지 못했다. 예수님은 사람들에게 전혀 새로운 삶의 방식을 가르치셨다. 예수님은 산 중턱에서, 바다에서, 세리와 창녀에게, 그리고 병자들에게 새로운 말씀과 교훈을 가르치셨다.

예수님은 하나님의 아들이라는 것을 누구도 부인할 수 없을 정도의 위대한 능력을 가지고 있었다. 예수님은 하나님이 주신 능력으로 사람들을 섬기고 도와주시고 고쳐주셨다. 예수님은 권능을 함부로 사용하지 않으시고 따르는 사람들에게 참된 용서와 사랑, 심판 그리고 하나님에 대해서 가르치기 위해서만 사용하셨다.

예수님은 진리를 가르치시며 이 진리를 알아야만 모든 인간들이 겪는 고민과 어려움으로부터 자유로울 수 있다고 말씀하셨다. 하나님의 계획을 완성하기 위해 예루살렘으로 향하시며 제자들에게는 자신의 죽음과 부활에 대해 말씀하신 뒤 최후의 만찬을 하시며 제자들의 발을 씻기셨다. 그 후 "서로 사랑하라"는 새 계명을 주시고 제자들을 위해 기도하신 예수님은 십자가의 고난을 받으시고 부활 뒤 승천하심으로 하나님의 구원의 계획을 온전히 이루셨다.

예수님은 따르던 제자들에게 "사람들이 나를 누구라 하느냐?"라고 물으셨다. 제자들이 들리는 소문들을 말하자 이번에는 "그렇다면 너희는 나를 누구라 하느냐?"라고 물으셨다. 제자들은 예수님을 누구라고 생각했기에 한 순간에 모든 것을 포기하고 예수님을 따랐을까?

예수님은 우리에게도 같은 질문을 하고 계신다.
"너에게 나는 누구냐?"
한 번 생각해보자. 단순히 나를 더 잘 살게 해주실 분, 기도로 내 욕심을 채워주실 분, 혹은 잘은 모르지만 그냥 좋은 말씀을 많이 하신 분이라 생각해 '믿는다'고 하고 있지는 않은가?

예수님은 나를 위해 이 땅에 오시고 나를 위해 죽으시고, 3일 만에 부활하신 유일하신 구원자 그리스도이시다. 이사야 선지자는 750년 전에 예수님의 탄생을 예언했고 예수님도 자신이 하나님의 아들이라 말씀하시며 수많은 이적으로 증명하셨다. 예수님은 자연을 복종시켰고 모든 병과 귀신들린 자를 고치셨으며 죽은 자를 살리며 사망과 생명의 영역까지 주관하셨다. 이런 예수님이기에 우리의 죄를 사하며 구원해주실 수 있고, 새로운 생명을 주실 수 있다. 나는 이런 예수님을 정말로 내 삶을 구원해주실 창조주이자 주권자로 믿고 순종하는가? 다시 한 번 생각해보자. 나에게 예수님은 어떤 분이신가?

"태초에 말씀이 계시니라 이 말씀이 하나님과 함께 계셨으니 이 말씀은 곧 하나님이시니라" - 요한복음 1:1(마 14:33, 마 16:16, 요 20:28, 골 1:15-20)

11-6. 예수 그리스도께서 하신 일은 무엇인가?

예수님이 3년의 공생애 기간 동안 하신 일들을 조금 더 자세히 알아보자.

예수님은 가는 곳마다 병자를 고치시고 죽은 자를 살리시고 굶주린 군중을 먹이셨으며 사회의 버림받은 자와 죄인들에게 친구가 되어주셨다. 예수님의 모든 말씀에는 지혜와 능력이 충만했으며 죄 없는 삶의 본을 보이셨다. 그러나 놀라운 능력을 가지신 예수님, 단 하나의 죄도 없으신 예수님은 십자가에 달려 돌아가셨다. 예수님이 스스로 그 일을 허락하셨기에 가능한 일이었다. 이 사실이 중요한 이유는 예수님의 이적과, 가르침도 중요하지만 예수님에게 가장 중요한 것은 인류의 죄를 위해 죽으시고, 부활하시는 구원의 사역이었음을 알 수 있기 때문이다.

예수님은 우리 죄를 위하여 죽어 주셨다. 바로 나의 죄를 위해 예수님은 모든 수치와 고통을 감내하셨다. 예수 그리스도께서는 죄인인 우리를 대신하여 십자가에 못 박혀 죽으심으로 하나님의 사랑을 나타내셨다.

예수님은 제자들에게 말씀하셨던 것처럼 정말로 사흘 후에 부활하셨다. 수많은 군중이 보는 앞에서 처참하게 돌아가신 예수님이 다시 살아났다는 것은 지금도 믿기 어려운 일이다. 그러나 누구보다 그리스도인들을 박해했던 바울은 예수께서 부활하신 후에 게바, 열두 제자, 오백여 형제, 야고보, 모든 사도 그리고 바울에게도 나타나셨다고 말했다.

이처럼 수많은 사람들이 부활하신 예수님을 만났는데 만약 그들이 모두 짜고 속이려고 했다면 저마다 증언이 달라 복음은 조금도 전파되지 못하고 사라졌을 것이다. 그러나 바울이 "예수 그리스도께서 부활하지 않았다면 우리의 전하는 것과 믿음도 헛것이되는 결과가 초래된다"고 했을 정도로 부활은 당시 사람들에게 부인할 수 없는 분명한 사실이었다. 또 부활이 정말로 사실이라면 왜 이스라엘의 한 작은 지역에서 태어난 예수라는 사람의 가르침을 전하기 위해 갑자기 사도와 제자들이 목숨을 아끼지 않고 생명을 바쳤는가를 이해할 수 있다. 그들은 죽음을 넘어선 참된 생명이 무엇인지 예수님의 부활을 통해 목격했던 것이다.

> "성결의 영으로는 죽은 자들 가운데서 부활하사 능력으로 하나님의 아들로 선포되셨으니 곧 우리 주 예수 그리스도시니라" - 로마서 1:4

예수님이 이 땅에 오셔서 하신 일들을 읽어가며 묵상할 때 예수님이 어떤 분이신지, 내가 어떤 삶을 살아가기를 바라시는지를 깨닫게 된다. 나그네 같은 인생, 죽으면 끝이라고 생각한 삶에 영원한 생명이 있다는 것과 그 생명을 얻을 수 있는 방법이 무엇인지 알게 됐다는 것은 가장 큰 희망이자 축복이다.

예수님은 이 땅에 오셨을 때 세리, 창녀, 병자와 같이 길가의 모든 사람을 만나주셨듯이 지금도 나를 비롯한 모든 사람들을 인격적으로 만나고 구원해주시기를 바라신다. 죽음이 정말로 끝이라면 온 천하를 얻어도 아무 소용이 없을 것이다. 성경 말씀이 모두 사실이라면 세상의 모든 부귀영화를 누린다 해도 마찬가지로 아무 소용이 없다. 이 세상에서 중요한 것은 죽음 이후의 영생을 준비하는 것이기 때문이다.

그렇기에 이제 우리는 결단을 내려야 한다. 이미 교회에 가본 적이 있지만 적응에 실패했다 하더라도, 아는 사람이 한 명도 없어 교회에 나가기가 망설여진다 하더라도 이는 영생이 달린 문제이기 때문에 더 이상 지체할 수 없다. 죄에 빠진 내 모습이 부끄러워 예수님 앞에 나오기 힘들지라도 연약한 나를 이해하시고, 쓰러질 때마다 일으켜주시고, 다시 걸을 수 있게 힘을 주시는 주님이 지금도 나를 기다리시고 간절히 원하신다는 사실을 기억함으로 용기를 내야 한다.

11-7. 예수 그리스도는 다시 오시는가?

사도행전 1장에는 예수님의 재림에 대한 언급이 나온다.

"이 말씀을 마치시고 그들이 보는데 올려져 가시니 구름이 그를 가리어 보이지 않게 하더라 올라가실 때에 제자들이 자세히 하늘을 쳐다보고 있는데 흰 옷 입은 두 사람이 그들 곁에 서서 이르되 갈릴리 사람들아 어찌하여 서서 하늘을 쳐다보느냐 너희 가운데서 하늘로 올려지신 이 예수는 하늘로 가심을 본 그대로 오시리라 하였느니라" - 사도행전 1:9-11

예수님의 재림은 신학적으로도 중요한 문제라 많은 해석과 설명이 있다. 소위 말하는 이단들도 이 재림의 말씀을 근거로 자신이 세상에 다시 온 선지자, 하나님, 혹은 예수라고 사람들을 미혹한다. 하지만 성경 말씀을 통해 예수님의 재림은 우리의 형체가 변하고 모든 눈물이 씻겨지는 놀라운 영광과 함께 일어날 것임을 기억하고 잘못된 이론과 미혹하는 사람들에게 속아서는 안 된다.

"사랑하는 자들아 우리가 지금은 하나님의 자녀라 장래에 어떻게 될지는 아직 나타나지 아니하였으나 그가 나타나시면 우리가 그와 같을 줄을 아는 것은 그의 참모습 그대로 볼 것이기 때문이니" - 요한1서 3:2

"그러나 주의 날이 도둑 같이 오리니 그 날에는 하늘이 큰 소리로 떠나가고 물질이 뜨거운 불에 풀어지고 땅과 그 중에 있는 모든 일이 드러나리로다 이 모든 것이 이렇게 풀어지리니 너희가 어떠한 사람이 되어야 마땅하냐 거룩한 행실과 경건함으로 하나님의 날이 임하기를 바라보고 간절히 사모하라 그 날에 하늘이 불에 타서 풀어지고 물질이 뜨거운 불에 녹아지려니와 우리는 그의 약속대로 의가 있는 곳인 새 하늘과 새 땅을 바라보도다" - 베드로후서 3:10-13

그리스도의 재림이 언제 일어날 것인가, 혹은 어떻게 일어나는가에 대해 생각하기보다는 분명히 다시 오신다고 말씀하신 예수님의 재림을 사모하며 근신과 담대함으로 주님을 증거하는 것이 참된 그리스도의 재림을 믿는 성도의 삶이다.

12. 교회와 성도의 생활

12-1. 초대교회 그리고 교회의 성장

신앙생활을 하다 보면 초대교회에 대한 이야기를 참으로 많이 듣는다. 사도행전을 보면 예수님의 부활과 승천을 목격한 제자들이 그전과는 완전히 다른 사람으로 변하여 목숨을 아끼지 않고 복음을 전파하는 모습이 나오는데 그 과정에서 정말 하나님의 능력이라고 생각할 수밖에 없는 놀라운 기사들이 많이 일어났다. 지금도 예수님을 믿는 그리스도인들이 동일한 믿음으로 전심으로 제자도를 행할 때 하나님의 능력으로 세계만방에 다시 복음의 불길이 번져갈 것이라 믿는다. 사도행전에 나오는 사도들의 노력과 기사들을 간략히 정리하면 다음과 같다.

예수님 승천 후 얼마 지나지 않아 유대인 명절인 오순절 기간 중 성령이 바람과 불꽃으로 예수님을 따르던 사람들에게 임했다. 예루살렘으로 와서 명절을 보내던 지중해 연안의 각기 다른 지역의 사람들은 제자들이 자기들 지역의 언어로 방언을 하는 것을 보고 놀랐다. 예수님을 세 번이나 부인했던 베드로는 십자가에서 죽으신 예수님이 그리스도시며 죽음에서 부활하셨다고 증거하는 사람이 됐다. 로마 정부는 예수님에 대해 말하는 것을 금지했음에도 교회는 점점 더 성장했다.

초대교회의 집사인 스데반은 "예수님이 하나님 우편에 서계신 것을 보았다"고 주장하다가 돌에 맞아 죽었다. 스데반의 마지막 설교는 성령님이 주신 놀라운 설교였으나 사람들은 양심에 찔려 스데반을 돌로 쳐 죽였다. 하지만 스데반은 마지막까지 사람들을 미워하지 않고 용서해달라며 기도했다,

젊은 바리새인 사울은 그리스도인들을 박해하며 잡아들이는 임무를 띠고 다메섹으로 가던 도중 하늘에서 빛이 번쩍이며 한 목소리를 듣게 된다. 다메섹의 선지자 아나니야는 환상 중에 사울을 방문하라는 명령을 받고 사울을 치료하고 세례를 베풀었다. 그 즉시 사울은 자신이 잡아 죽이려던 그리스도인들처럼 "예수님은 하나님의 아들이다"라고 가르치는 사람이 됐다.

바울은 특히 이방인들을 찾아가 전도했다. 예수님을 믿는 사람들에 대한 박해가 계속되어 왕인 헤롯은 야고보의 목을 베었고, 베드로는 감옥에 가뒀다.

이방인들을 교회에 받아들이는 문제로 예루살렘에서 공의회가 열렸는데 그리스도인이 되기 위해서는 유대의 율법을 지킬 필요가 없다는 결정이 내려서 기독교가 너 넓게 선파되는 계기가 됐다. 바울은 유럽 본토를 횡단하여 많은 나라를 복음화 시키는데 큰일을 했다. 결국 복음을 전한다는 이유로 결박된 바울은 로마 총독에게 "유대 법정에 서라"는 요구를 받았는데 이는 곧 죽음을 뜻했다. 바울은 로마 시민권을 활용해 황제에게 직접 탄원하겠다고 요청했고 로마로 호송됐다. 바울은 로마의 작은 셋집에 머물며

판결을 기다리면서도 하나님 나라를 전파하며 주 예수 그리스도를 가르쳤다.

12-2. 성도의 일상생활

아메리카은행의 부사장이자 중소기업행정관리위원회의 전국 고문을 역임했던 론 볼드윈은 미국 사회에서 가장 성공한 기업인 중 한 명이다. 볼드윈은 자신의 정체성을 '예수님과 함께 하는 사람'으로 정의한다.

비즈니스의 세계처럼 냉철한 세계는 없다. 그러나 예수님을 믿음으로 자신의 힘으로는 도저히 이겨낼 수 없는 고난들을 극복했기 때문에 볼드윈은 "세상에서 성공할수록 더욱더 하나님을 신뢰하게 됐다"고 고백한다.

다음은 예수님을 믿은 뒤 고통당할 때 일어났던 다섯 가지 긍정적인 변화이다.

1. 하루하루를 새로운 기회로 생각하며 떠내려 보내지 마라.

2. 사람과의 관계가 최고의 재산이라는 것을 기억하라.

3. 영적인 건강을 소홀히 하지 말고 돌보라.

4. 잘 받고 잘 베푸는 사람이 되라.

5. 당신의 재정 상태를 항상 잘 정리해두라.

하나님이 함께 하는 사람에게는 일상의 모든 일들이 행복의 의미가 된다. 감옥에 갇히고 누명을 썼던 요셉의 삶이 항상 형통했던 것처럼 내 삶에 예수님이 함께 하신다는 사실만으로도 우리의 삶은 행복할 수 있다.

신약의 바울서신을 비롯한 제자들의 편지에는 복음을 믿지 않고 예수님을 부인하는 이 세상에서 그리스도인들이 어떻게 살아가야 하는지에 대한 지침들이 나와 있다. 이 지침들을 요약하면 다음과 같다.

그리스도인들은 어리석은 언행과 경박한 말들을 하면 안 된다. 그리스도인들은 세상 사람과는 살아가는 생활 방식이 다르기 때문이다. 그런 이유로 시기와 다툼, 노여움과 야망, 탐욕과 보복, 성적인 타락을 주의해야 한다.

그리스도인들은 다른 사람들을 형제나 자매처럼 사랑하고 돌봐야 하며, 지도자들을 위해 기도하며 권위에 복종해야 한다. 세상에는 하나님이 세우신 질서가 있기 때문이다. 아내는 남편에게 복종해야 하지만 남편은 아내를 예수님이 교회를 사랑하신 것처럼 사랑해야 한다. 자녀는 부모에게 순종해야 하며 부모도 자녀에게 본을 보이며 사랑해야 한다.
이런 원리들은 성경이 우리에게 가르치는 분명한 삶의 지침이다. 이런 원리를 거스를 때 하나님이 주시는 축복과 행복은 우리에게 찾아오지 않는다. 더불어 권위만 내세우는 것이 아니라 모든 원리의 중심은 사랑이라는 사실을 기억해야 한다. 부모와 자녀, 아내와 남편, 이웃을 위하고 섬기는 모든 일들의 중심은 하나님의 사랑으로 가득 채워져야 한다. 행동에서 그치는 선행과 봉사는 아무런 소용이 없다. 사랑이신 하나님이 나를 살리기 위해 독생자를 보내주신 그 사랑과 은혜로 우리는 인간의 부족함을 넘어서 참된 사랑을 실천해야 한다.

이런 사랑의 원리는 성령의 은사에도 똑같이 적용된다. 다른 어떤 은사와 능력보다도 사랑에 초점이 맞춰질 때 그리스도인의 진정한 삶이 시작된다. 사랑할 때 마음의 두려움이 사라져 다른 사람을 사랑하고, 위하게 되어 진정으로 돕게 된다. 그래서 성경은 '다른 사람을 미워하면서 하나님을 사랑한다고 말하는 사람은 속이는 사람'이라고 한다.

"사랑에는 거짓이 없나니 악을 미워하고 선에 속하라 형제를 사랑하여 서로 우애하고 존경하기를 서로 먼저 하며 부지런하여 게으르지 말고 열심을 품고 주를 섬기라 소망 중에 즐거워하며 환난 중에 참으며 기도에 항상 힘쓰며 성도들의 쓸 것을 공급하며 손 대접하기를 힘쓰라 너희를 박해하는 자를 축복하라 축복하고 저주하지 말라 즐거워하는 자들과 함께 즐거워하고 우는 자들과 함께 울라 서로 마음을 같이하며 높은 데 마음을 두지 말고 도리어 낮은 데 처하며 스스로 지혜 있는 체 하지 말라 아무에게도 악을 악으로 갚지 말고 모든 사람 앞에서 선한 일을 도모하라 할 수 있거든 너희로서는 모든 사람과 더불어 화목하라 내 사랑하는 자들아 너희가 친히 원수를 갚지 말고 하나님의 진노하심에 맡기라 기록되었으되 원수 갚는 것이 내게 있으니 내가 갚으리라고 주께서 말씀하시니라 네 원수가 주리거든 먹이고 목마르거든 마시게 하라 그리함으로 네가 숯 불을 그 머리에 쌓아 놓으리라 악에게 지지 말고 선으로 악을 이기라"- 로마서 12:9-21

성경은, 로마서, 에베소서, 빌립보서, 디모데전서, 야고보서, 베드로전서, 빌레몬서, 요한일서에도 누구나 지켜야 할 생활지침을 기록하고 있다. 그래서 성경은 누구나 읽어야 하는 하나님의 말씀이 기록된 책(성서)이다.

12-3. 교회와 성도

몇 년 전 울산극동방송에서 열린 한 공개행사에 참석한 적이 있었다. 크리스천방송국답게 권위적인 모습이 아니라 서로 섬기는 직원들의 봉사와 헌신의 모습이 나에게 큰 감동을 주었다. 그 자리에서 찬양사역자 김인식 목사님의 '이런 교회 되게 하소서'라는 찬양을 들었는데 '맞아 교회란 그런 곳이야'라는 생각이 번쩍 들었다.

"진정한 예배가 숨 쉬는 교회
주님이 주인 되시는 교회
믿음의 기도가 쌓이는 교회
최고의 찬양을 드리는 교회
말씀이 살아 움직이는 교회

성도의 사랑이 넘치는 교회
섬김과 헌신이 기쁨이 되어 열매 맺는 아름다운 교회
주님의 마음 닮아서 이웃을 사랑하는 교회
주님의 영광을 위해서 빛 되시는 주님 전하는 교회
사랑의 불꽃이 활짝 피어나 날마다 사랑에 빠지는 교회
주께서 사랑하는 우리 교회가 이런 교회가 되게 하소서"

"교회란 무엇일까?"라는 질문에 많은 사람들이 단순히 건물만 떠올릴 것이다. 하지만 사도 바울은 고린도전서에서 우리가 곧 교회이며 성령이 내 안에 계실 때 우리가 거룩한 교회가 된다고 말했다. 교회는 건물이 아니라 예수님을 믿고 따르는 우리들을 지칭하는 말이다. 짐 피터슨 목사님은 좀 더 구체적으로 교회를 "성도들의 성품을 변화시키고 믿는 자가 받은바 모든 것을 가지고 서로 그리고 이웃을 섬기도록 은사를 주시는 성령님이 내주하시는 곳"이라고 정의했다.

그러므로 교회에는 크고 작음, 좋고 나쁨이 있을 수 없다. 그러나 그럼에도 교회를 선택하는 일은 신중히 정해야 한다. 사람마다 성격이 다르고 성향이 다르듯이 사람들의 모임인 교회도 영적 성장에 필요한 환경과 예배가 조금씩 다르기 때문이다. 20세기의 사도 바울이라 불리는 빌리 그래함 목사님은 "영적 성장을 위한 좋은 기회와 인간적 필요의 만족을 함께 채울 수 있는 기회를 교회가 제공한다"고 말했다.

그래서인지 나에게는 교회의 이미지가 따스하고 포근한 어머니의 느낌으로 다가온다. 내가 중학교에 다닐 때 둘째 형수의 인도로 교회에 나가신 어머니는 소천하시는 날까지 하나님께 온전히 순종하는 신앙인이셨다. 어머니의 훌륭한 인품과 인자함은 가시는 곳마다 사람들을 모이게 했고, 그런 사람들이 자연스럽게 전도되어 교회에 나가는 것을 보고는 참 신기하게 여겼다. 하릴없고 복음이 척박한 작은 시골마을이 어머니 한 명으로 인해 생기가 돌고 복음의 씨앗이 심기고 자라났다.

교회는 이런 어머니의 품 같은 곳이다. 어머니는 자녀들을 성장시켜 사회로 내보내 다양한 곳에서 일하게 키워주신다. 교회의 모든 부서는 몸의 지체처럼 서로 합력하여 우리의 젊은이들의 인성과 영성을 높여 가정으로 사회로 보내어 하나님의 자녀로서의 삶을 살아가도록 돕는다. 또 평신도는 교회의 예배와 프로그램을 통해 바른 신앙관을 배우고 교제로 신앙을 성장시킬 수 있다. 교회의 참 의미가 무엇인지, 그리고 교회를 통해 신앙의 목적과 수단을 잘 알고 따를 때 주님이 기뻐하시는 삶을 살아갈 수 있다.

13. 하나님

하나님은 '신'이라는 명칭으로 모든 사람들이 태초부터 궁금해하던 절대자이시다. 그러나 2차원의 존재가 3차원의 존재를 발견할 수 없는 것처럼 인간 스스로는 한계를 깰 수 없기에 결코 하나님을 발견하거나 제대로 이해할 수는 없다. 오직 하나님께서 자신을 계시해주실 때 하나님을 알 수 있는데 이 역시 성경에서만 답을 찾을 수 있다. 성경은 하나님을 전능하시며 지존하시며 영광의 왕, 천부로 묘사하고 있다. 또한 하나님은 능력과 지혜가 영원하시며, 변함없으신 주님이시다.

"태초에 하나님이 천지를 창조하시니라" - 창세기 1:1

"우주와 그 가운데 있는 만물을 지으신 하나님께서는 천지의 주재시니 손으로 지은 전에 계시지 아니하시고 또 무엇이 부족한 것처럼 사람의 손으로 섬김을 받으시는 것이 아니니 이는 만민에게 생명과 호흡과 만물을 친히 주시는 이심이라" - 사도행전 17:24-25

성경은 하나님은 전능, 전지, 편재하시며 만유의 머리이시며 영원히 송축을 받으실 분으로 말씀하신다. 하나님은 공의와 사랑, 온전하시며 진실하신 성품을 가지신다.

"이는 하나님을 알 만한 것이 그들 속에 보임이라 하나님께서 이를 그들에게 보이셨느니라 창세로부터 그의 보이지 아니하는 것들 곧 그의 영원하신 능력과 신성이 그가 만드신 만물에 분명히 보여 알려졌나니 그러므로 그들이 핑계하지 못할지니라" - 로마서 1:19-20(사 1:18-19, 시 46:1)

예수님을 통해 하나님과의 관계가 회복된 자녀들은 하나님께 무엇이든지 구할 수 있으며 하나님은 우리의 기도에 응답하신다.

그리스도인의 삶의 목표는 하나님의 영광을 위해서 살아가는 것이며 마음으로, 삶으로, 예배로 하나님을 온전히 섬기는 자를 하나님은 기뻐하신다.

과학과 문명이 발달하면서 하나님은 존재하지 않는다고 주장하는 사람들도 많다. 실제로 발견할 수도, 증명할 수도 없기 때문이다. 그러나 하나님은 우리의 양심을 비롯해 세상의 모든 만물에 이미 하나님의 살아계심에 대한 증거가 충만하다고 말한다. 과학의 발전은 경이적이다. 그러나 생명이 있는 흙 한 줌도, 싹이 돋아 자라나는 풀 한 포기도 인간의 힘으로 만들 수 없다는 것에서 과학은 하나님의 무한하심을 증명하는 수단이 되는 것은 아닐까?

14. 성령

성령은 우리의 삶에서 해야 할 바를 지시하시고 가르치시는 인격이시다. 성령님은 성도들을 진리 가운데로 인도하시며 연약함을 도우시며 친히 간구하시고, 나를 위해 근심하여 주신다. 성령은 단순한 힘이 아닌 지, 정, 의를 가지신 인격이시기에 우리는 성령님과 친밀히 교제할 수 있다.

성령은 곧 하나님이시다. 성령은 창조 때부터 계셨으며 영원히
계신다. 성령이 하나님이기에 성령을 통해 우리는 삼위일체인 하
나님과 예수님에 대해 더 잘 알 수 있으며 뜻을 분간할 수 있게 된
다. 성령은 죄를 깨닫게 해주시며 그리스도를 주님이라 부르게 해
주시며 그리스도의 몸이 되도록 성령의 세례를 주시고, 영적인 생
명과 구원의 확신을 주신다. 우리가 예수님을 믿을 때 나를 성령
이 거하시는 처소로 삼아주시므로 하나님의 자녀임을 보증하여
주신다.

성령님은 나의 모든 삶을 함께 하시며 진리 가운데로 인도하시
는 선생님이시다. 성령님을 통해 우리는 예수 그리스도를 영광스
럽게 하는 삶을 살 수 있으며 우리의 장래 일을 볼 수 있다. 그 과
정에서 성령의 열매가 삶에 열리며 인격과 성품이 하나님이 보시
기에 좋은 모습으로 성장한다.

성령께서는 모든 믿는 사람들에게 봉사와 섬김을 위하여 은사
를 주신다. 주님의 일에 성령이 중요하기 때문에 내 삶에 말씀이
없을 때 성령의 소멸과 성령을 근심하게 하며 진리를 거스르지 말
라는 경고를 주신다.

예수님을 믿고 구원을 받았다 하더라도 성령님이 내 삶에 오셔
서 강하게 주관하시기를 우리는 끊임없이 간구해야 한다. 말씀도
우리에게 성령으로 충만함을 받으라 명령하신다. 성령 충만을 받
을 때 하나님께 찬양하며 항상 감사하며 주님을 경외하므로 피차
복종하는 결과를 가지게 된다.

성령 충만을 받은 사람은 담대히 말씀을 전하며 전도의 열매를 맺는다. 하나님의 사랑이 우리 마음에 부음 바 되는 결과가 성령의 충만함이기 때문이다.

물론 한 순간에 성령의 충만함을 경험할 수는 없다. 또 어제 내 안에 계셨던 성령님이 오늘은 안 계시는 것 같은 신앙의 기복을 느낄 때도 있을 것이다. 그러나 내 감정과 기분을 떠나 모든 순간마다 하나님이 원하시는 믿음의 선택을 해나갈 때 성령님은 내 삶을 조금씩 주관하신다. 성령님은 내 삶에 거하시며 하나님께 순종하는 삶을 이끌어주시는 분이시다.

선교회에서 함께 신앙생활을 하던 분들과 오랜만에 모임을 가진 적이 있었다. 전역 후 많은 믿음의 가르침을 주셨던 한 선배는 고등학교의 교목으로 계시다가 이제는 개척을 해 목회를 시작하셨다. 사역을 하며 어려운 점도 많을 텐데 그때나 지금이나 변함없이 하나님을 신뢰하며 살아간다는 것이 말투 하나, 표정 하나에서도 드러났다. 나는 그 선배에게 신앙의 슬럼프가 없는 비결이 무엇이냐고 물었고 선배는 이렇게 대답했다.

"한때는 내 의지만으로 신앙생활을 하려고도 했었지. 그런데 번번이 실패했어. 내 힘을 빼고 성령님께 모든 것을 맡기니 은혜 가운데 모든 것이 변하더라고."

예수님을 믿고 변화된 삶이라 하더라도 인간의 본성과 육체의 정욕을 이겨내기는 어렵다. 그러나 성령의 인도하심을 따라 사는 사람은 다르다. 몸집이 무척이나 큰 '알바트로스'는 몸집이 너무

커서 스스로 날 수가 없다. 하지만 폭풍같이 거센 바람이 불 때는 바람에 몸을 맡겨 하늘을 날아간다. 스스로의 힘으로는 날지 못하지만 오히려 강한 폭풍을 타고 1주일 내내 날갯짓 한 번 하지 않고 가장 높이, 가장 멀리 날아가는 새가 바로 알바트로스다. 알바트로스가 이렇게 날 수 있는 것은 자기 힘이 아닌 더 강한 폭풍의 힘을 사용하는 법을 알기 때문이다. 내가 아는 것이 없어도, 죄를 끊어낼 의지와 힘이 없어도, 내 삶을 성령님께 맡기면 성령님이 모든 것을 이루신다.

"보혜사 곧 아버지께서 내 이름으로 보내실 성령 그가 너희에게 모든 것을 가르치고 내가 너희에게 말한 모든 것을 생각나게 하리라"
– 요한복음 14:26

15. 성경의 권위

15-1. 성경은 누가 기록하였나?

약 1600년에 걸쳐서 기록된 성경은 무려 40여 명의 기자가 있음에도 통일성이 있다. 세상의 그 어떤 책이 1000년이 넘는 세월 동안, 그것도 서로 다른 사람들이 썼음에도 한 가지 주제를 가질 수 있단 말인가? 이 사실은 성경이 정말로 하나님의 감동으로 이루어진 것이라고 밖에는 설명할 수 없다.

39권의 구약성경은 예수님이 이 땅에 오실 것임을 예언하고, 27권의 신약성경은 이 땅에 오신 예수님의 구원과 십자가 고난 그리고 부활, 재림의 약속을 담고 있다. 그래서 신약의 예수님은 성경을 연구하는 사두개인과 바리새인에게 "너희가 찾고 있는 그 사람이 나"라고 분명하게 말씀하셨다.

"너희가 성경에서 영생을 얻는 줄 생각하고 성경을 연구하거니와

이 성경이 곧 내게 대하여 증언하는 것이니라" - 요한복음 5:39

성경은 처음부터 66권의 형태를 갖추지 않았다. 처음에는 단편적인 권들이 하나씩 성경으로 읽히다 예수님이 오시기 전은 구약, 그 이후는 신약으로 묶어 신학자들의 연구와 논의를 거쳐, 그리고 성령님의 인도하심을 따라 지금의 성경이 되었다.

구약성경은 B.C. 1500년경 모세로부터 창조와 족장시대, 출애굽, 사사시대, 통일왕국, 분열왕국, 바벨론 포로시대와 회복시대에 이르며 B.C. 400년까지의 히브리인의 역사, 시가, 예언이 기록되었다. 모세와 다윗, 솔로몬과 많은 예언자들에 의하여 문서로 기록되고 또 구전되어 오던 중 '에스라'에 의해 흩어진 많은 성스러운 문서들이 수집, 재편집되며 B.C. 200년경 지금의 모습과 비슷한 구약이 됐으며, A.D. 90년 얌니아 랍비 회의에서 지금의 구약성경 39권이 확정됐다.

신약성경은 예수님의 죽음과 부활 이후 20여 년은 예수님의 말

씀이 구전으로 전해지며 설교로도 전파됐다. 그러다가 바울이 자기가 세운 교회들에 신앙의 교훈을 적어 보내며 복음서와 일반서신이 기록되었다. A.D. 397 카르타고 회의에서 지금의 신약성경 27권이 정경으로 받아들여졌다. 이 과정들에 비록 사람들이 개입되어 있으나 하나님의 손길이 강하게 역사한 결과이기에 말씀의 권위와 확실성을 의심해서는 안 된다.

위에서도 언급했듯이 그렇지 않고서는 1600여 년의 긴 기간에 걸쳐 나라와 직업이 다른 40여 명의 기자들이 기록한 66권이 예수 그리스도라는 중심인물을 나타낼 수 없기 때문이다. 성경을 쓴 한 절대적인 저자이신 하나님의 성령이 없었다면 이 모든 것이 불가능했을 것이다.

성경은 하나님의 말씀이므로 믿음과 실천에 관련된 모든 문제에 대한 최종적 권위가 되어야 한다. 인간의 모습으로 오신 예수님도 모든 성경을 받아들이셨으며 사도들이 그 권위를 보증하였다. 또한 성경 말씀은 심판의 기준으로 사용되며 하나님의 말씀은 영원하다고 모든 사도와 제자들은 성경을 통해 말하고 있다.

15-2. 천국과 지옥

성경 말씀이 사실이라면 모든 사람은 죽음 뒤에는 천국이나 지옥에 가게 된다. 그렇다면 그곳은 어떤 곳일까? 우리가 죽어서 가 보기 전에는 절대로, 100%, 제대로 알 수 없다. 그런 이유로 다른 사람의 체험이나 우리의 생각보다는 성경에 나온 천국과 지옥에 대한 말씀들을 묵상해보자.

● 천국에 대한 말씀들

"사람이 죽은 자 가운데서 살아날 때에는 장가도 아니 가고 시집도 아니 가고 하늘에 있는 천사들과 같으니라" - 마가복음 12:25

"그가 낙원으로 이끌려 가서 말로 표현할 수 없는 말을 들었으니 사람이 가히 이르지 못할 말이로다" - 고린도후서 12:4

"모든 눈물을 그 눈에서 닦아 주시니 다시는 사망이 없고 애통하는 것이나 곡하는 것이나 아픈 것이 다시 있지 아니하리니 처음 것들이 다 지나갔음이러라" - 요한계시록 21:4

● 지옥에 대한 말씀들

"만일 네 눈이 너를 범죄하게 하거든 빼버리라 한 눈으로 하나님의 나라에 들어가는 것이 두 눈을 가지고 지옥에 던져지는 것보다 나으니라 거기에서는 구더기도 죽지 않고 불도 꺼지지 아니하느니라 사람마다 불로써 소금 치듯 함을 받으리라" - 마가복음 9:47-49(눅 16:19-31)

15-3. 하나님의 약속과 행복한 동행

성도들에게는 물론 죽음 뒤의 영생과 천국에서의 행복이 보장

되어 있지만 그렇다고 하나님이 이 세상에서의 성도들을 그대로 내버려두시지는 않는다. 하나님을 믿고 따르는 성도들에게 약속하신 하나님의 말씀들이 무엇인지 묵상하며 되도록 암송하자.

"오늘 내가 네게 명령하는 여호와의 규례와 명령을 지키라 너와 네 후손이 복을 받아 네 하나님 여호와께서 네게 주시는 땅에서 한 없이 오래 살리라"- 신명기 4:40

"두려워하지 말라 내가 너와 함께 함이라 놀라지 말라 나는 네 하나님이 됨이라 내가 너를 굳세게 하리라 참으로 너를 도와주리라 참으로 나의 의로운 오른손으로 너를 붙들리라"- 이사야 41:10

"믿음이 없이는 하나님을 기쁘시게 하지 못하나니 하나님께 나아가는 자는 반드시 그가 계신 것과 또한 그가 자기를 찾는 자들에게 상 주시는 이심을 믿어야 할지니라"- 히브리서 11:6

"주라 그리하면 너희에게 줄 것이니 곧 후히 되어 누르고 흔들어 넘치도록 하여 너희에게 안겨 주리라 너희가 헤아리는 그 헤아림으로 너희도 헤아림을 도로 받을 것이니라" 누가복음 6:38

"우리가 선을 행하되 낙심하지 말지니 포기하지 아니하면 때가 이르매 거두리라"-갈라디아서 6:9

하나님은 나의 상태와 관계없이 나를 사랑해 주시고 하나님의 자녀로 품어주셨다. 그리고 영원토록 함께 하시겠다고 약속하시며 또한 이 땅에서의 풍성한 삶을 위해 다 기록할 수 없는 축복의 약속을 주셨다. 그리고 우리 각자에 맞는 재능을 주셔서 하나님께 영광드리며 살아갈 수 있도록 창조하여 주셨다.

우리는 이 세상에서 누군가와 함께하며 살아가게 된다. 동행은 단순히 함께 가는 것도 있으며 어쩔 수 없이 가야하는 동행도 있겠지만 진정한 동행은 같은 목적을 가지고 한 마음으로 함께하는 것이다. 하나님이 나에게 주신 재능으로 하나님께서 나에게 맡겨주신 일들, 하나님이 원하시는 일에 순종하며 하루하루를 의미있게 살아간다면 주님과의 행복한 동행은 이루어진다.

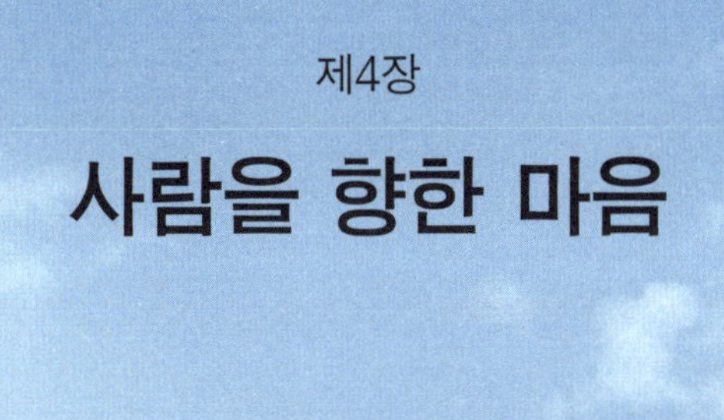

제4장

사람을 향한 마음

사람을 향한 마음

청년 시절 "이 땅에서 부, 쾌락, 명예, 물질 등에만 목적을 두고 열심히 살다가 죽는다면 정말 허무하지 않겠는가?"라는 질문을 받은 적이 있다. 나는 이 질문에 동의하며 그렇다면 우리에게 진정한 만족을 주는 것이 어딘가에 있을 것이라는 답을 찾기 위해 나름 노력했다. 어렵사리 이루었던 장교생활에 큰 미련을 두지 않은 것도 이런 생각이 바탕이 되었다. 늘 생각하지만 자기 일을 발전시키며 있는 곳에서 믿음을 지켜가는 분들은 항상 존경스럽다.

나는 전역 후 성경공부를 통하여 우리에게 만족을 주는 것에 대한 답을 어렵지 않게 발견할 수 있었다. 그리고 수많은 분들이 이미 그 길을 걸었으며 걷고 있는 것을 알 수 있었다. 문제는 그 답을 성경을 통하여 듣지만 보이지 않는 하나님과의 약속을 신뢰하지 못하고 헌신하지 못한다는 것이다. 이런 나 자신을 발견하며 선진이 걸은 믿음의 그 길에 더 관심을 가지려 한다.

미국 켄터키 주에서 태어나 평생을 살다가 85세에 세상을 떠난 한 노인이 죽기 전에 남긴 '내가 만약 인생을 다시 산다면'이라는 시이다.

내가 만약 인생을 다시 산다면
그때는 더 많은 실수를 저지르고
둔감하게 살리라.

작은 일에 심각해지지 않고
좀 더 즐거운 기회들을 잡으려고 노력하리라.

여행도 더 자주 다니고
석양도 더 오래 바라보리라.
먹고 싶은 것은 참기보다 먹으리라.

하루하루를 살아가는 대신
순간을 맞이하면서 살아가리라.
허황된 미래를 기약하기 보다는
당장 짐을 꾸려 더 자주 여행길에 오르리라.

성인이 되고 시간이 흐르면 '만약 인생을 다시 한 번 산다면…'
이라는 생각을 하기 마련이다. 하지만 안타깝게도 인생은 한 번뿐
이고 다시 돌아갈 수 없다. 우리의 인생이 이번 생 한 번으로 끝난
다면 한정된 이 시간을 정말 중요한 일에 투자해야 하지 않겠는

가? 인생은 죽어도 다시 시작할 수 있는 컴퓨터 게임이 아니다. 이 사실을 아는 사람은 하루를 살아도 삶이 다르다.

그렇다면 예수님을 믿는 사람과 믿지 않는 사람은 무엇이 다를까? 아니, 달라야 할까? 주일에 교회 나가는 것? 식사시간에 기도를 하는 것? 사람에 따라 천차만별의 대답이 나올 수 있겠지만 분명히 뭔가 달라야 한다는 점에는 모두 동의할 것이다.

철학자 에머슨은 생각이 바뀌면 말이 바뀌고, 말이 바뀌면 행동이 바뀐다고 했다. 이 말을 그리스도인들의 삶에 적용해보면 하나님을 믿는다고 말하는 사람들, 혹은 생각하는 사람들의 삶은 믿지 않는 사람과 분명한 차이가 나타나야 한다. 아마 지금까지 책을 읽으며 예수님을 믿기로 결심한 사람이라 하더라도 분명 머릿속에는 수많은 의문들이 떠오를 것이다.

'지금 세상이 정말 끝인가? 아니면 내세가 있는가? 보편적인 구원이 있는가? 그렇다면 우리는 어떻게 살아야 하는가?'

이 의문들에 모두 답을 하는 것은 어렵겠지만 그래도 믿는 그리스도인이라면 도대체 어떻게 살아야 하며 믿지 않는 사람들과 삶이 어떻게 달라야 하는가?에 대해 생각해야 한다. 이 장에서는 하나님의 선물인 오늘의 소중함과 주님의 유언과도 같은 부탁을 이루어간 믿음의 사람들의 그 길을 짧게나마 돌아보며 믿음의 많은 요소들 중 영원한 생명을 가진 사람을 향한 이야기를 나누며 소주제들을 하나씩 살펴보도록 하겠다.

16. 오늘이라는 하나님의 선물

16-1. 짧은 생애 중요한 선택

인간의 생애는 보통 70년에서 80년, 아주 장수하면 100살을 조금 넘는다. 인생 전부를 놓고 보면 매우 긴 것 같지만 정작 우리가 살아보면 세월이 화살보다 빠르다고 느낄 때가 많다. 10대 때에는 언제 어른이 되고 가정을 꾸리고 할아버지가 될까 생각을 하다가도 어느새 생각보다 훌쩍 나이가 들어 세상에 덩그러니 놓여 있는 자신을 발견하게 된다. 이렇듯 성경은 우리의 생애가 참 짧고 덧없음을 여러 곳에서 말하고 있다.

"너희 생명이 무엇이냐 너희는 잠깐 보이다가 없어지는 안개니라" – 야고보서 4:14(시 90:10)

우리는 출생을 통하여 이 땅에서의 삶이 시작되었으며 영원이란 시간에 비하면 한 점과 같은 짧은 시간이라 할 수 있는 생을 살다가 누구나 죽음을 맞이한다. 성경은 이 짧은 삶 속에서 아주 중요한 두 가지의 선택을 하게 된다는 사실을 말하고 있다.

그 선택의 하나는 어디서 영원을 보내느냐?이다. 이것은 주님을 믿으므로 이미 결정되었다. 그것은 예수님을 믿는 우리는 하나님과 함께한다고 약속하셨기 때문이며 우리는 모두 천국의 길을 걷고 있다.

"너희는 그 은혜에 의하여 믿음으로 말미암아 구원을 받았으니 이
것은 너희에게서 난 것이 아니요 하나님의 선물이라" - 에베소서
2:8-9

또 하나는 우리가 가는 천국에서 어떤 영원을 보내느냐?이다.
그것은 하나님이 우리 모두에게 선물로 주신 오늘을 어디에 가치
를 두고 어떻게 살아가는냐에 큰 영향을 준다. 그것은 하나님께서
히브리서 11장 6절 말씀을 통해 믿음을 가지고 지혜롭게 사는 사
람에게 상 주실 것을 약속하셨기 때문이다.

"믿음이 없이는 하나님을 기쁘시게 하지 못하나니 하나님께 나아가
는 자는 반드시 그가 계신 것과 또한 그가 자기를 찾는 자들에게 상
주시는 이심을 믿어야 할지니라" - 히브리서 11:6

더불어 성경은 하나님의 자녀가 말씀대로 세상을 살아갈 때 얻
게 되는 다섯 가지 면류관에 대해서 말하고 있다.

● 전도함으로 얻게 되는 자랑의 면류관
"우리의 소망이나 기쁨이나 자랑의 면류관이 무엇이냐 그가 강림하
실 때 우리 주 예수 앞에 너희가 아니냐" - 데살로니가전서 2:19(마
4:19)

● 고난에도 하나님을 놓지 않을 때 얻는 생명의 면류관

"믿음의 주요 또 온전하게 하시는 이인 예수를 바라보자 그는 그 앞에 있는 기쁨을 위하여 십자가를 참으사 부끄러움을 개의치 아니하시더니 하나님 보좌 우편에 앉으셨느니라 너희가 피곤하여 낙심하지 않기 위하여 죄인들이 이같이 자기에게 거역한 일을 참으신 이를 생각하라" – 히브리서 12:2-3

● 죄를 멀리하고 삶을 연단하는 사람이 얻는 썩지 않는 면류관

"이기기를 다투는 자마다 모든 일에 절제하나니 그들은 썩을 승리자의 관을 얻고자 하되 우리는 썩지 아니할 것을 얻고자 하노라" – 고린도전서 9:25 (눅 9:23)

● 사람들을 하나님께 인도하고 양육하는 사람들이 얻게 되는 영광의 면류관

"너희 중에 있는 하나님의 양 무리를 치되 억지로 하지 말고 하나님의 뜻을 따라 자원함으로 하며 더러운 이득을 위하여 하지 말고 기꺼이 하며 맡은 자들에게 주장하는 자세를 하지 말고 양 무리의 본이 되라 그리하면 목자장이 나타나실 때에 시들지 아니하는 영광의 관을 얻으리라" – 베드로전서 5:2 4 (마 28:19)

● 예수님의 재림을 사모하며 살아가는 사람들이 얻는 의의 면류관

"이제 후로는 나를 위하여 의의 면류관이 예비되었으므로 주 곧 의로우신 재판장이 그 날에 내게 주실 것이며 내게만 아니라 주의 나타나심을 사모하는 모든 자에게도니라" – 디모데후서 4:8

이 면류관은 엄청난 기적을 경험하거나 영웅적인 믿음을 가질 때 얻게 되는 것이 아니라 하나님이 주신 오늘을 소중히 여기며 말씀대로 행할 때 모든 성도들이 얻을 수 있는 상급이라는 사실은 실로 놀라운 하나님의 섭리이자 배려라고 생각한다.

나는 성경공부를 하며 이 상급이라는 것에 많은 관심과 함께 의문 또한 있었다. 내가 주님을 알아가고 신앙의 삶을 사는 것은 죽어서 이 상급을 바라서라기보다는 하나님의 사랑에 내가 할 수 있는 범위의 신앙의 삶을 살아간다고 생각했기 때문이다. 그러나 이러한 생각은 순수할지는 모르지만 성경적이지는 않다라는 것을 알 수 있었다. 그것은 운동선수가 조국의 영광을 위해 또 운동이 즐겁거나 자신의 도전을 위하여 할 수 있지만 그 성과에 대한 상급은 따라주어야 하는 것과도 같은 것으로 이해되었다. 그리고 성경에서 상급문제를 거듭 경고하며 강조하는 것은 하나님께서 이 상급을 준비한 이유는 잠시 있는 것들이 아니라 영원한 가치 있는 것들에 우리의 삶을 투자하라는 동기를 주기 위함이라는 것을 배울 수 있었다.

16-2. 우리의 관심사

성경 히브리서 12장 2절, 히브리서 11장 24-26절에서 예수님과 모세의 삶에서 영원한 것에 관심을 두었다는 것을 알 수 있다. 하나님의 자녀인 우리 역시도 하나님께서 우리에게 맡겨주신 청지기 임무에 대하여 계산하신다고 말씀하신다.

그리스도의 심판대는 신자들만이 서는 곳이다. 그리고 바울과
베드로는 이 사실에 대하여 주의와 경고를 주고 있다.(고전 3:9-15,
벧후 3:10)

사실 사람들은 '인생을 산다, 삶을 살아간다'고 말하지만 주어진
하루하루를 보낼 뿐이다. 주어진 하루를 눈 떠서 산다고 생각하면
100년이 아닌 1000년을 살아도 인생이 덧없고 의미 없는 삶이지
만 하루를 하나님이 주신 선물로 귀하게 여기며 말씀을 실행하려
노력하는 사람은 단 하루를 살아도 세상을 더 아름답게 만들고 주
변 사람에게 예수님의 향기를 베푼다. 미래의 푸른 꿈도, 지나간
아름다운 추억도 오늘을 통해 이루어진다. 우리의 인생은 오늘이
라는 하루가 모여 만들어지는 도미노와 같다.

이 소중한 오늘, 우리는 무엇에 관심을 가지며 살아가야 할까?
그 요소는 참으로 많다. 주님이 주신 오늘을 감사와 기쁨으로 살
아가는 일, 하나님을 기쁘시게 하는 모든 일들, 영원한 하나님(시
102:25-27) 영원한 말씀(막 13:31) 그리고 영원한 생명을 가진 사람
(데전 4:16-17)을 위하여 관심을 가지는 삶이 된다면 의미있는 오늘

이 이루어진다고 믿는다. 성경은 잠깐 보이다가 없어지는 안개와 같은 짧은 이 세상을 사는 동안에 우리가 어디서 어떤 영원을 보낼 것인가를 결정한다고 말하며 한 번뿐인 우리의 생애를 결코 잘못된 것들과 바꾸지 말 것을 말하고 있다.

여기서는 특별히 인간의 영혼이 영원하다는 것에 주목하고 싶다. 구원받은 영혼은 하나님과 하늘나라에 영원을 보내지만 구원받지 못한 영혼은 하나님과 분리되어 지옥에서 영원한 형벌에 처해진다.

"환난을 받는 너희에게는 우리와 함께 안식으로 갚으시는 것이 하나님의 공의시니 주 예수께서 자기의 능력의 천사들과 함께 하늘로부터 불꽃 가운데에 나타나실 때에 하나님을 모르는 자들과 우리 주 예수의 복음에 복종하지 않는 자들에게 형벌을 내리시리니 이런 자들은 주의 얼굴과 그의 힘의 영광을 떠나 영원한 멸망의 형벌을 받으리로다 그 날에 그가 강림하사 그의 성도들에게서 영광을 받으시고 모든 믿는 자들에게서 놀랍게 여김을 얻으시리니 이는(우리의 증거가 너희에게 믿어졌음이라) - 데살로니가후서 1:7-10(요 6:27)

17. 지상 명령과 복음의 씨앗

17-1. 예수님의 지상 명령

"그러므로 너희는 가서 모든 민족을 제자로 삼아 아버지와 아들과 성령의 이름으로 세례를 베풀고 내가 너희에게 분부한 모든 것을 가르쳐 지키게 하라 볼지어다 내가 세상 끝날까지 너희와 항상 함께 있으리라 하시니라" – 마태복음 28:19-20

위 말씀은 '예수 그리스도의 지상 명령(至上命令)'이라고 불린다. 부활하신 예수님이 승천을 앞두고 갈릴리에서 열한 제자를 산으로 부르신 뒤 승천하시기 전 가장 마지막으로 남기셨다고 알려진 명령이기 때문이다.

부활하신 예수님은 하늘과 땅의 모든 권세를 하나님으로부터 위임받으셨다고 말씀하셨고 제자들의 사명을 위해 필요한 모든 능력을 주시겠다고 하셨다. 그리고 그 능력을 바탕으로 무엇을 해야 할지 위의 말씀으로 분명하게 전달하셨다. 저 당시 산에 있던 열한 제자가 아니너라도 자신이 예수님의 제자라고 생각한다면 "모든 족속을 제자 삼으라"고 하신 말씀을 지키며 '세상 끝 날까지 항상 함께 하실' 예수님의 약속을 믿어야 한다.

17-2. 기독교 변천과 복음의 씨앗

예수님의 제자들은 예수님이 죽은 후 3일 후에 부활하여 유훈을 남기고 40일 후 승천하심을 믿고 예수는 메시아(그리스도)라는 믿음이 탄생했는데 이것이 그리스도교(기독교)이다. 예수님의 제자들이 전파한 그리스도교는 박해를 받으면서도 예루살렘에서 각 지역을 중심으로 힘차게 복음이 전파되었다.

여기서는 신약의 많은 서신서와 하나님 구원 계획의 엄청난 비밀을 남겨준 바울 사도와 기독교의 시작과 변천 그리고 우리나라 선교 과정 일부분을 관련 자료를 통하여 정리하였다.

바울은 유대인으로 길리기아 다소에서 성장하던 중 율법을 더 배우기 위해 예루살렘 바리새파 거물인 가말리엘1세 문하에서 율법과 유대교 사상을 엄히 배웠다. 오순절 성령강림 이후 많은 유대인과 이방인들이 회개하고 기독교로 돌아오자 유대 지도자들은 예수님 제자들의 주장들을 수집, 분석하게 되었다고 볼 수 있다. 이때 바울도 이 주장들을 듣고 부끄럽게 생각하고 초대기독교를 탄압하는데 앞장섰다. 왜냐하면 사도들이 전하는 복음내용이 허무맹랑하다고 생각했기 때문에 그들을 박해했다고 추정된다(행 22:3, 행 2:41, 행 4:4, 행 8:1-3, 행 22:4-5).

자칭 메시아라고 주장하다 정치범으로 십자가에 처형된 갈릴리 청년 예수를 따르던 제자들의 주장은, 죽었던 예수가 무덤 속에서 부활하였으며, 승천하여 하나님 우편에 가셨으며, 이런 예수를 하나님의 아들이며, 그리스도이시라 고백하고 믿으면 구원을 얻을 수 있다는 것이다(갈 3:13).

인간이 부활 승천하여 하나님의 아들이 될 수 없으며 인간이 인간의 죄를 하나님을 대신하여 사해줄 수도 없는 것이며, 하나님의 구원을 누구나 예수를 믿기만 하면 구원을 얻을 수 있다고 주장한 것은 선민 유대인에 대한 도전이며 허무맹랑한 것이기 때문이다. 그렇다면 논리적이고 유대교 사상과 율법을 공부한 엘리트 청년 바울이 왜 이 같이 불가능한 주장을 받아들였으며 예수님의 지상 명령을 깨닫게 되었을까?(행 2:32-41)

이 날도 이러한 주장을 하는 그리스도인들을 체포하여 예루살렘으로 잡아 넘기기 위하여 다메색으로 가던 중 바울은 다메섹 도상에서 불가능한 현실에 직면했다. 죽었다고 믿었던 예수가 빛 가운데 영광스러운 모습으로 그에게 나타난 것이다. 그 순간 바울은 시력을 잃었지만 생전의 예수님을 만난 것처럼 너무나 생생했다. 이제 바울은 불가능한 것이 현실화되었음을 깨닫고 불가능한 일을 가능하게 만드시는 창조주 하나님의 구원 역사를 이해하고 그 깨달음을 설명하는 사명자로 바뀌게 된다(행 9:1-9, 행 22:5-21).

주님이 천하 권세를 동원하여 이 땅에 하나님의 나라를 건설하려는 것임을 깨달은 바울은 교회를 구성하는 성도들이 이 일을 위하여 그리스도의 지체가 되어 헌신해야 하며(엡 1:22-23, 엡 3:9) 바울도 자신을 부인하고 십자가를 지라는 주님의 말씀을 전승으로 듣고 이를 실천하였다(엡 4:13, 빌 2:5-11, 마 16:24).

바울은 로마가 세운 도로, 디아스포라들이 세운 회당, 로마제국 내 주요 거점 도시를 효율적으로 활용하여 30만km 이상을 다니며 선교 사명을 이루어갔다. 교회 충만과 하나님의 상급 그리고 온 우주의 창조주이시며 피조 세계를 모두 구원하기를 원하시는 하나님을 인정하지 않고 그들만의 하나님을 원하는 유대교와 기독교 차이를 이론적으로 정립하였다(갈 2:8, 롬 1:16-17).

유대교와 기독교는 뚜렷이 분리되지 않았지만 A.D. 70년 로마에 의해 예루살렘성전이 파괴된 이후 결별된다. 그리고 90년 얌니아 랍비 회의에서 유대인은 히브리어 구약성서만 인정하고 예수님과 사도들이 사용하였던 그리스어 70인역 구약성서는 인정하지 않는다.

이때부터 기독교는 일요일에 예배(미사)가 열린다. A.D. 100년경부터 주님의 복음은 어느 시기, 어느 계층이건 누구나 보편적으로 믿을 진리라 하여 가톨릭(보편)교회로 불린다. 신자들은 로마의 박해 속에서도 신앙을 유지하던 중 콘스탄티누스 황제가 즉위하며 313년 밀라노 칙령을 내려 그리스도교의 신앙을 인정하므로 신앙의 자유를 얻게 되었다.

서유럽 로마교회에서 동부지역에 콘스탄티노폴 교회가 세워진

다. 세월이 지나며 동·서 지역의 두 교회 차이가 생겨 동유럽교회
는 정교회라 부르게 된다. 정교투쟁과 세속화 되어가는 로마교회
의 개혁을 위하여 독일에서 루터, 프랑스에서 칼빈, 영국에서 녹
스, 쯔빙글리 신부(사제)가 등장하며 후일 프로테스탄트(개혁교회)
로 불린다. 루터에서 루터교, 칼빈·녹스에서 장로교, 영국교회는
교황과 단절하여 성공회가 되며 성공회 스미스 신부가 침례교를,
성공회 웨슬리 신부 제자들은 미국에서 감리교를 설립한다.

개혁에서 시작되어 신학적 차이, 관점, 여러 이유로 개신교는
분열이 거듭된다. 그리스도교는 예수 그리스도 안에서 일치를 이
루기 위한 노력과 함께 종파별 개혁과 발전을 이루고 있다는 이해
를 가진다.

우리나라는 1882년 미국과 한미수호조약체결로 1883년 고종
황제는 미국으로 보빙사절단(견미단)을 파견하였다. 민영익을 대
표로하는 6명의 사절단이 미군 해군함정을 타고 제물포 항에서
두어 달이 걸려 샌프란시스코에 도착하였다. 워싱턴으로 가는 대
륙횡단 기차를 타고 가던 중 볼티모어 역에서 한 신사가 견미단
일행과 같은 칸에 타며 일행에 큰 관심을 보였다. 그 신사는 감리
교 가우처 목사였으니 목적시에 노착하는 동안 한국의 선교 상황
을 알게 된다. 가우처 목사는 미감리회 국외선교부에 한국선교 착
수를 촉구하고 일본 주재 선교사 맥클레이 박사에게 한국 선교의
가능성을 모색하도록 하였다.

맥클레이는 신사 유람단원으로 일본에 갔다가 예수님을 영접

한 이수정의 소개로 한국의 개화파 사람들과 가까워졌으며 특히 김옥균과 각별했다. 맥클레이의 사정을 들은 김옥균은 고종황제에게 보내는 친서를 써준다. 맥클레이는 1884년 6월 고종황제를 알현하게 되고 학교와 병원사역에 윤허를 받는데 성공하며 한국선교에 새 장이 열리게 된다. 천주교회는 최초 영세자 이승훈(李承薰)에 의하여 1784년 겨울 첫 주일 미사를 지냈으며, 개신교는 1885년 4월 5일 미국 장로회 언더우드와, 감리회 아펜젤러가 내한하여 한국선교가 시작된다. 미국 외에도 호주, 영국, 캐나다 등에서 성공회, 침례교, 구세군 등 여러 교단의 선교도 시작된다.

동북아의 19세기 말은 제국주의 국가들이 자국의 지배권을 다른 민족국가의 영토로 확대하던 시기로 전략적 요충지의 조선 역시 열강의 침략에서 예외가 될 수 없었다. 임오군란(1882), 갑신정변(1884), 동학농민운동(1894) 청일전쟁(1894) 러일전쟁(1904) 속에서 20세기에 들어선 조선은 내우외환의 소용돌이 속으로 들어간다. 고종은 광무의 강병을 꿈꾸며 1897년 대한제국을 선포하지만 1910년 을사조약이 체결되며 대한제국은 멸망하고 일본의 식민통치를 받게 된다.

이러한 시대 속에서 한국기독교가 낳은 민족 지도자는 도산 안창호 선생님, 남강 이승훈(李昇薰)선생님, 고당 조만식 선생님, 월남 이상재 선생님 등이 기록되어 있다. 여기서는 특별히 청년들을 사랑하여 주신 월남 선생님을 만나 본다.

1850년 이상재는 충청 한산면에서 태어나 어려서 한학을 공부하고 고종 4년에 과거에 낙방한다. 한성에서 박정양을 만나 시국을 논하며 서로를 알 수 있었다. 박정양 집에서 13년간 개인비서로 일하며 지식을 쌓는 등 좋은 시기였다. 신사 유람단으로 일본에 가며, 1887년 박정양이 미국 전권대사로 임명되자 이상재는 미국공사관 2등 서기관으로 수행하며 활발한 외교를 수행한다. 그 후 만민공동회, 독립협회에서 활약하였다.

1902년 개혁당 사건으로 한성감옥에 구금, 옥중에서 이승만에게 영향을 주었으며 청년 이승만이 전달한 성서를 읽고 기독교인이 되기로 결심한다. 월남 이상재 선생님은 마태복음 5장에서 '악한 원수라도 대적하지 말고 오히려 사랑하며 기도하라'는 말씀에 감명받지만 실천할 수 없었기에 이 말씀은 선생을 괴롭혔다. 그러나 예수 그리스도의 사랑은 그를 무릎 꿇게 하였으며 월남 선생의 인생의 방향을 바꾸어 하나님께 기도하며 인도받기를 원했다.

1904년 석방 후 1905년 을사조약이 강제 체결된 뒤 고종의 부름에 의정부 참찬에 머물렀다. 그러나 1907년 법무대신의 요청을 받았으나 사양하였으며 이후 관직을 사퇴했다. 그때부터 동포와 고난을 함께하며 국민각성운동을 시작한다. 황성기독교청년회(YMCA)에 가입, YMCA 초대 교육부장에 선임되어 청년회와 선교 활동에 주로 종사하며 청년들을 사랑하여 다음 세대 지도자로 키우는데 헌신했다.

1910년에는 기독교 100만 구령운동을 일으켜 구국운동을 발전

시켰으며 그는 수천수만의 청년들을 끌어안고 지도하였다. 월남 선생은 육단 최남선의 시처럼 '터럭이 희을수록 더욱 푸르게' 사셨다. 그는 원수 일본을 미워하기보다 일본보다 우수한 민족을 만들기에 자신의 일생 모두를 바쳤다.

엄격하지만 유머가 넘치고 밝은 성격인 '만년 청년' 이상재 선생의 일화는 많다. 비누를 씹어 먹은 이야기, 청년들과 허물없이 지내는 것에 "선생을 만만히 보지 않겠냐"고 하자 "내가 청년이 되어야지 젊은이들에게 노인이 되라고 할 수 없지 않나"라고 대답한 일화도 있다. 문학가 변영로가 젊은 시절 변영로의 부친 함자인 "변정상씨"하고 부르며 변영로에게 기개를 심어준 대화는 지금도 의미를 준다.

가정적으로 세 아들이 그보다 먼저 죽어 불행하고 낙심할 일이나 월남은 흔들리지 않았다고 역사는 기록하고 있다.

1884년 한국 선교의 문이 열리며 들어온 선교사 중 매리 스크랜턴 대 부인은 당시 쉰세 살의 나이에 의사인 아들 부부와 함께 1885년 들어왔다. 미북감리회 해외선교부로부터 교육선교사로 임명받은 스크랜턴 대 부인은 1886년 '이화학당'을 설립하여 가난하고 소외된 여성들에게 배움의 길을 열어주었다. "최선을 다하라. 결과는 하나님께 속한 것이다"라며 아들 스크랜턴 박사와 동역으로 교육사업, 복음 전도와 교회 개척으로 예수 사랑 실천을 하다 1909년 10월 8일 하나님 품에 안겼다.

루비 켄트릭은 1907년 빛이 없던 이 땅에 빛을 던지러 왔던 파란 눈의 젊은 의료선교사였다. 25세의 꽃다운 나이에 급성 맹장염으로 순교한 루비 켄트릭(1883-1908)은 양화진외국인선교사묘원에 묻혔으며 그의 비문에는 "만일 나에게 천 개의 생명이 있다면 그 모두를 조선에 바치겠습니다"라고 기록되어 있다. 그리스도의 사랑을 전하려는 외국인 선교사들은 숱한 사연과 함께 지금 양화진외국인선교사묘역에 잠들어 있다.

1905년 한 젊은 부부가 미국선교부로부터 공주지역을 기반으로 선교파송을 받는다. 윌리엄즈 부부는 아들(우광복)과 두 딸(올리브, 로저)을 낳으며 선교하던 중 남편은 장티푸스로 죽고 두 딸마저 풍토병으로 죽는다. 애리사 여사는 모국으로 돌아갔다 2년 후 다시 한국으로 와 47년간 교회를 세우며 한 알의 밀알이 되었다. 아들인 우광복은 영명중학교 졸업 후 미국으로 갔다가 일제 식민통치에서 해방되어 하지 장군이 군정관으로 신탁통치를 하던 때 다시 돌아왔다.

우광복은 하지의 참모가 되어 한국 정부 수립에 관여한다. 하지는 한국을 이끌 50명 추천을 요청하였고 우광복은 어머니인 애리사 여사와 상의하여 어머니가 추천하는 50명을 하지에게 소개한다. 그중 48명이 기독교인이었고 이들은 요소요소에 들어가 미신타파와 군목제도의 토대를 마련하는 등 한국 기독교 성장의 밑거름이 된다.

불과 한 세기 전만 해도 이 땅은 하나님을 알지 못하는 나라였다. 일제강점기와 8.15해방, 민족분열 등 절박한 상황 속에서도 기독교는 놀라운 성장을 하였다. 선교사의 도움을 받던 우리는 이제 선교사를 파송하는 선교대국이 되었다. 교회는 그리스도의 위대한 정신을 키워가는 모체가 되고 있다.

네비게이토 선교회 창시자 도슨 트로트맨은 "원인이 있어야 결과가 있다"고 말하며 "제자를 삼는 일은 말씀의 씨앗을 뿌릴 때 결과를 얻게 되며 이 일은 다른 사람이 아닌 우리가 해야 할 일이다. 가르치는 방법은 예수님이 평소 제자들에게 가르치고 명한 모든 것을 그 제자들을 따르는 자들에게 가르쳐 그들을 초신자가 아니라 제자로 삼으라"라고 말하고 있다.

18. 생활 전도 이야기

18-1. 사람을 향한 마음

사람을 향한 마음(Heart for People)은 어느 가수의 노랫말처럼 '사람이 꽃보다 아름답다'는 것이며 사람이 무엇과도 비교할 수 없는 세상에서 가장 귀한 존재임을 알고 사람을 위하여 우리의 삶을 드리고자 하는 마음이다.

사람이 귀한 이유는 예수님은 목자 없는 양 같은 우리를 불쌍히

보셨으며 하나님이 보시기에 인간은 보배롭고 존귀한 존재이며, 한 사람의 생명이 온 천하보다 귀하며 이 세상은 끝나지만 구원받은 영혼은 영원히 존재하기 때문이다. 또한 하나님께서 사람을 귀중하게 보시는 이유는 사람은 하나님의 형상으로 창조되었으며, 그리스도께서 십자가 보혈로 구속하셨으며, 하나님께서 인간 구원을 위하여 독생자를 주는 대가를 치러주셨기 때문이다.

"사람이 만일 온 천하를 얻고도 자기 목숨을 잃으면 무엇이 유익하리요. 사람이 무엇을 주고 자기 목숨과 바꾸겠느냐" – 마가복음 8:36-37(마 9:36-38, 사 43:4-7, 요일 2:17, 요 3:16, 막 2:27, 전 3:11)

복음을 전하는 일에는 여러 가지 방법이 있다. 가깝게는 가족을 전도하는 일, 자주 만나는 친구들을 전도하는 일, 단기로 아웃리치를 가거나, 지역을 위해 봉사를 하는 일 등 방법 역시 다양하다. 직접적으로 앞서 소개한 '다리예화'나 '4영리'로 복음을 전할 수도 있고, 어려움을 도우며 제자의 삶을 보여주는 방식도 있다. 혹은 자신의 체험을 간증하며 유도하는 방법, 교회의 전도축제에 초청하는 방법 등 삶에서 전도를 할 수 있는 방법은 무궁무진하다. 그러나 중요한 것은 누구에게든, 어떻게든 우리가, 바로 내가 전해야 한다는 사실이다. 하나님은 우리에게 분명히 명령하셨고 그 명령을 지키는 것은 우리의 책임이기 때문이다. 예수님은 이 명령을 '목회자'나 '사역자'에게만 주시지 않으셨다. 예수님을 믿고 따르는 모든 그리스도인들에게 주신 명령이다.

"우리가 보고 들은 바를 너희에게도 전함은 너희로 우리와 사귐이 있게 하려 함이니 우리의 사귐은 아버지와 그의 아들 예수 그리스도와 더불어 누림이라"– 요한일서 1:3

그렇다면 복음을 어떻게 전해야 할까? 위에서 말했듯이 수많은 방법이 있다. 그러나 무슨 일이든 '정석'이 있다. 요한은 첫 번째 서신에서 증인이란 일어난 일을 그대로 보고하는 사람이라고 말한다. 복음은 하나님의 완전하신 계획이기에 우리가 거기에 무엇을 더하거나 뺄 필요가 없다. 전도란 성경이 전하는 예수님, 내 삶에 오신 예수님을 잘 보고 배운 뒤 다른 사람에게 내가 본 것을 그대로 전해주는 것이다.

전도에 대한 우리의 할 일은, 사람들에게 주님이 필요하다는 사실을 깨달을 수 있도록 도와주는 것이다. 복음은 좋은 소식이지 지옥과 저주의 소식이 아니므로 우리가 해야 할 일은 하나님의 말씀을 선포하는 것이며 죄에 대해 회개하는 마음을 불러일으키는 것은 성령께서 하시는 일이다.

물론 전도는 두려울 수 있다. 모르는 사람에게 전도지를 나눠 주는 것보다 한 평생 같이 살아온 가족에게 "예수님을 함께 믿자", "교회에 나가자"는 말을 할 때가 더 두렵고 떨릴 수 있다. 그러나 예수님은 "전도하라"는 명령과 함께 그 능력도 우리에게 함께 주셨음을 기억해야 한다. 사도행전 1장 8절에는 한 사람이 회개하고 주님께 나아오면, 성령께서 그 삶에 들어오시고, 그리스도에 대하여 다른 사람들에게 증거할 수 있는 권능을 주신다고 나와 있다. 우리는 본성적으로 예수님에 대하여 다른 사람들과 이야기하기를 꺼리기 때문에 이 권능을 먼저 구해야 한다.

그리고 복음의 원리와 내가 만난 하나님을 잘 전달한 뒤에 반드시 영접을 권유해야 한다. 하나님을 믿고 싶고, 교회에도 나가고 싶은데 방법을 몰라서 실행을 못하는 사람들이 생각 보다 많기 때문이다.

18-2. 나는 왜 전도하는가?

내가 이 책을 쓰게 된 동기는 복음을 전하고, 전도의 중요성을 단 한 사람에게라도 더 알리기 위해서이다. 나는 글에 재주가 있는 사람도 아니며, 성경을 깊이 연구하거나, 많은 사람을 전도한 전도왕 출신도 아니다. 그러나 전도가 무엇보다 중요하다는 것을 알며 복음이 모든 사람에게 전해야 할 의무라는 것을 알기에 주님이 허락하시는 가운데 할 수 있는 모든 일을 다 해야만 한다.

나는 여전히 신앙생활보다 노는 것을 좋아하는 사람이다. 이렇게 뻔뻔하게 복음에 대한 책을 쓰고 전도의 중요성을 설파하면서도 정작 나 자신의 삶이 글 내용의 발끝에도 미치지 못하는 부족한 사람일 수 있다는 것을 너무도 잘 안다. 물론 교회에서는 계속해서 새신자들을 가르치고, 주변 사람들을 찾아가 복음을 전하며 나름대로 노력할 때도 있지만 내가 말하는 것처럼 항상 복음을 위해 살아간다고 하기에는 너무나도 부족한 사람이다.

그럼에도 나는 전도의 중요성을 전할 수밖에 없다. 그리고 하루에 한 명이라도, 일주일에 한 명이라도, 아니 한 달에 한 명이라도 찾아가 복음을 전할 수 있다면 반드시 전해야 된다는 부담감과 사명감을 가지고 있다.

그 이유는 무엇으로도 해결할 수 없는 내 안의 죄를 발견했기 때문이고 그 죄를 해결해주신 예수님을 만났기 때문이다. 내 안에서 발견한 죄, 그 죄를 사해주신 예수님이 다른 사람에게도 동일한 은혜를 부어주실 것을 믿기 때문이다.

그래서 나는 나를 구원해주신 예수님이 공생애 기간 동안 하신 말씀은 무엇인지, 어떤 삶을 사셨는지, 내가 해야 할 일은 무엇인지 알려고 노력하며 주님의 발자취를 따르려고 발버둥을 치고 있다.

"그러나 너희는 택하신 족속이요 왕 같은 제사장들이요 거룩한 나라요 그의 소유가 된 백성이니 이는 너희를 어두운 데서 불러내어 그의 기이한 빛에 들어가게 하신 이의 아름다운 덕을 선포하게 하려 하심이라" - 베드로전서 2:9

이처럼 어렵고 힘든 전도이지만 복음을 전하는 일이 하늘의 상급과도 바꿀 수 없는 큰 기쁨이라는 것은 정말로 복음을 전해본 사람만 안다. 모든 성도들이 전도를 통한 진정한 기쁨을 매일 체험하며 살아간다면 얼마나 좋을까?

18-3. 전도의 생활화

요즘 신앙인들 사이에 '삶으로 보여주자'라는 말이 유행하고 있다고 한다. 이 말이 무슨 뜻인가? 세상에서 그리스도인들이 욕먹는 이유가, 성경이 거짓이거나 하는 말이 잘못돼서가 아니라 우리가 삶으로 보여주지 못하기 때문이라는 것이다. 목사님은 설교에서 "우리는 성경을 읽지만 세상은 우리를 읽는다"고 하셨다. 그래서 이제는 말이 아닌 삶으로 세상에 복음을 전하자는 뜻인데 나역시 이에 동감한다.

내가 신앙의 기초를 쌓은 네비게이토 선교회에서도 이 부분을 '전도의 생활화'라고 부르며 삶에서 복음을 전하는 일의 중요성을 가르쳤다. 그리고 지금 섬기는 교회에서도 예배가 끝나면 생활 속의 예배가 시작된다는 말씀에서 기독교는 생활 종교임을 알 수있다.

다른 사람들에게 신앙을 나눌 때 기억해야 할 것은 당신이 나누고 있는 것은 다른 누구도 아닌 나의 신앙이라는 사실이다. 성경에 쓰여 있는 예수님, 다른 유명한 사람이 만난 예수님이 아니라 내 삶에 찾아오신 예수님, 내 삶을 변화시킨 예수님을 전해야 한다.

또 그러기 위해선 마음에 사랑과 안타까움이 있어야 한다. 전도의 동기는 다른 사람이 지옥에 갈까봐 불쌍해서도 아니며, 자랑을 하기 위해서는 더더욱 아니다. 하나님의 사랑에 대한 우리의 사랑의 응답이 전도라는 형태로 나타나야 한다. 하나님이 먼저 우리를 사랑하셨기 때문에 우리는 하나님을 사랑할 수 있다.

예수님도 가장 큰 계명을 "하나님을 사랑하고 네 이웃을 사랑하는 것"(마 22:37-39)이라고 말씀하셨다.

18-4. 마음에 품고 기도하기

생활에서의 전도와 사랑의 동기가 있는지 잘 알 수 있는 것은 내가 그 사람을 위해 기도하고 있는지를 살펴보면 된다. 내 이웃, 특히 전도 대상자들의 유익을 위하여 그들을 마음에 품고 기도하는 것은 정말 중요하다. 전도 대상자를 사랑하는 마음으로 기도를 하는데 관계가 안 좋아질 수 있을까? 그의 삶에 관심이 없을 수 있을까? 1년에 한두 번 연락을 하는 둥 마는 둥 하게 될까? 그렇지 않을 것이다. 마음에 품고 기도한다는 것은 이미 그 사람을 전도하기 위해 필요한 각고의 노력을 감내할 의지가 생겼다는 표시로도 볼 수 있기 때문이다. 그래서 맨 먼저 사랑의 동기를 가지고 마음에 대상자를 품는 기도가 절대적으로 필요하다.

때때로 전도 대상자를 위하여 기도하는 것, 그 자체만으로도 주님의 바람과 삶을 실천하는 것은 아닐까 생각되기도 한다. 나 역시 전도 대상자들을 마음에 품고 기도를 하다 보면 비록 그 사람이 철천지원수라도 용서의 마음이 생기며 도리어 도움을 주고 싶어지기 때문이다. 그러나 절대로 조급해서는 안 된다. 죄를 깨닫고 회개의 마음을 주는 것, 하나님의 사랑을 알게 하는 것, 부활의 복음을 확신하게 되는 것, 새로운 삶으로 변화를 주는 것, 모두 우리의 전도를 통해 하나님이 하시는 일이기 때문이다. 우리는 주님이 주시는 사랑을 품고 예수님의 명령인 전도를 기회가 닿는 대로 성실히 수행하기만 하면 된다.

"어떤 이는 말하되 나는 바울에게라 하고 다른 이는 나는 아볼로에게라 하니 너희가 육의 사람이 아니리요 그런즉 아볼로는 무엇이며 바울은 무엇이냐 그들은 주께서 각각 주신 대로 너희로 하여금 믿게 한 사역자들이니라 나는 심었고 아볼로는 물을 주었으되 오직 하나님께서 자라나게 하셨나니" - 고린도전서 3:4-6

18-5. 개인 전도

나는 현역으로 군에 있을 때 부대원을 주일 종교 활동에 보내거나 야외 훈련시 훈련장에 찾아오신 군 목사님을 초청하여 부대원들에게 좋은 말씀을 들려주실 것을 요청드리기도 했다. 그리고 강원도 인제에서 중대장 시절 조선대 회화과 학생인 중대원에게 부대내 쌍호교회에 대형 성화 그리는 것을 지원했다. 이는 예수님을 알리자는 마음으로 가능한 시간에 시행했다. 당시 종교 활동에 관심을 가졌지만 내가 복음을 명확히 알고 성화를 그린 중대원을 교회로 인도하는 것에는 부족했다.

나의 첫 전도는 부산에서 전역을 위하여 함께 직업교육을 받던 군 후배 J대위였다. 복음을 전하자는 내 마음은 그 후배를 품고 기도하게 했으며 자연히 좋은 관계를 가질 수 있었다. 나는 그에게 전도지를 보이며 잠깐 시간을 내달라고 했을 때 그는 흔쾌히 허락해주었다.

나는 내가 전도 받은 그대로 다리예화 전도지의 몇 가지 주제에 대해서 대화를 나누며 설명한 뒤 예수님을 마음에 영접하겠느냐고 질문했고 그는 예수님을 믿겠다고 답하였다. 그리고 전도지에 있는 영접 기도문으로 영접 기도를 하였다. J대위와 함께 성경공부를 하던 중 나는 새로운 직장으로 가게 되어 그와는 헤어졌지만 그 후 예수님을 뒤늦게 믿었던 그는 좋은 배우자를 만나 신학을 공부해 목사님이 됐고 지금은 영적 불모지인 일본에서 목회를 하고 있다. 또한 그의 자녀도 일본에서 목회를 위하여 신학대학교에 다니고 있다.

당시 새로 성경공부를 하며 성경이며 신학이며 잘 모르던 나였지만 하나님이 주신 감동을 따라 전도지 한 장을 들고 순종했더니 그 씨앗이 상상도 할 수 없는 귀한 복음의 열매로 자라났다. 나는 전도지를 읽었을 뿐이며, 작은 순종을 했을 뿐이지만 마음을 움직이는 분은 하나님이시기 때문이다. 지금 다시 생각해 볼 때 당시 나는 초신자였지만 내가 들은 복음으로 구원을 즐거워하였고 회개를 통해 삶에 변화를 체험하고 있었으며 전도지에 있는 그 엄청난 일을 믿고 그에게 복음을 전하였다. 믿음은 복음을 들음에서 나며 복음에는 능력이 있다. 내가 복음을 믿고 전하였으므로 하나님께서 그에게 믿음을 주셨다고 생각한다.

나는 칠남매 집안의 여섯째로 태어났다. 가장 큰형은 나이차도 많이 나 형보다는 부모님 같은 분이었다. 제사와 같은 전통제례를 중요하게 여기는 형에게 교회에 가자고 권유하는 것은 엄청난 심적 부담이었으나 나는 또 한 번 순종했다. 그런데 의외로 큰형 내외는 선뜻 교회에 나와 함께 신앙생활을 시작하셨다. 완고했던 큰형이 교회에 나오자 조카와 다른 친척들도 마음이 열렸으며 나는 차례차례 그분들을 교회로 인도할 수 있었다.

복음은 변하지 않지만 복음을 전하는 방식은 시대와 상황에 따라 얼마든지 변할 수 있다. 그러나 모든 필요한 지혜와 상황은 예수님이 채우시며 각 사람의 마음에도 감동을 주신다는 사실을 믿어야 한다. 예수님은 우리가 알 수 없는 각 사람의 필요를 보시고 채우시며 그들에게 감동을 주신다.

전도는 사랑이다. 사랑은 온유하며 강제하지 않는다. 오늘도 하나님께서 우리를 기다려 주시는 것처럼 우리도 기다려야 한다. 그러나 그 소식을 듣게 만드는 것은 제자인 우리가 할 일이다. 강제적으로 복음을 전하려고 하는 것도 문제지만 반대로 예의를 차리

려다 복음을 생전에 단 한 번도 전하지 못하는 것은 그것대로 문제다.

우리는 전도의 방법들이 세련되지 못하고 서툴기도 하지만 그 의도와 목적은 진리의 말씀으로 인도하는 것이다. 무리를 보시고 민망히 여기시는 주님의 마음으로, 이 세상의 삶이 다가 아니며 죽음은 끝이 아님을 알려주려는 마음으로 우리는 길 잃은 영혼들을 주님께 인도해야 한다.

19. 전도를 이끌어주는 비전

19-1. 비전을 주시는 하나님

성경의 예수님은 항상 번성의 축복을 주실 때 비전을 허락하셨다. 노아에게도, 아브라함에게도, 야곱에게도 하나님은 동일한 약속을 주셨다.

"하나님이 노아와 그 아들들에게 복을 주시며 그들에게 이르시되 생육하고 번성하여 땅에 충만하라" – 창세기 9:1

"여호와께서 아브람에게 이르시되 너는 너의 고향과 친척과 아버지의 집을 떠나 내가 네게 보여 줄 땅으로 가라 내가 너로 큰 민족을

이루고 네게 복을 주어 네 이름을 창대하게 하리니 너는 복이 될지라" - 창세기 12:1-2

"네 자손이 땅의 티끌 같이 되어 네가 서쪽과 동쪽과 북쪽과 남쪽으로 퍼져나갈지며 땅의 모든 족속이 너와 네 자손으로 말미암아 복을 받으리라" - 창세기 28:14

물론 전도는 자손이 번성하는 것과는 이야기가 다르다. 하지만 비전을 통해 후손을 약속하신 구약의 하나님처럼 신약의 예수님도 승천하시며 우리에게 모든 족속으로 제자를 삼으라고 말씀하셨다. 이는 구약의 약속보다 훨씬 더 원대하고 숭고한 하나님의 마지막 비전이다.

하나님은 아브라함에게 축복을 주실 때 단순히 말로만 하지 않으시고 밤하늘의 별과 동서남북의 땅을 두루 다니며 하나님이 주실 큰 복을 '보게' 하셨다. 아브라함은 밤하늘의 별과 동서남북의 땅을 보며 하나님의 비전이 무엇인지 알았다. 마찬가지로 전도를 하는 우리에게도 각각의 비전이 있어야 한다. 개인의 전도의 목표와 더 크게는 세계를 향한 비전이 전도라는 큰 틀 안에 존재해야 한다. 꿈을 꿈으면 하나님께서 사라세 하시며 얼매 맺게 하신다.

19-2. 한 사람을 향한 비전

성경의 모든 역사는 한 사람을 통해 시작된 경우가 많다. 아담,

노아, 아브라함, 다윗…. 이처럼 성경의 역사는 한 사람으로 시작된 역사라고도 볼 수 있다. 그러나 이 한 사람이 어떤 사람이 될지는 아무도 모른다. 내가 될 수도 있고, 내가 전도한 사람이 될 수도 있다. 지금 상황에서 어떤 사람에게 복음을 전해야 하는지 그러기 위해서는 어떻게 기도하고, 어떻게 도와야 하는지 한 사람을 향한 비전과 구체적인 목표를 먼저 세워보자.

예수님의 제자 중 수제자인 베드로의 영향력은 엄청났다. 그러나 안드레가 아니었다면 베드로는 예수님께 나아올 수 없었다. 성경에 나오는 안드레의 활약은 베드로와는 비교도 되지 않지만 안드레의 전도가 없었다면 수제자인 베드로도 없었다. 우리가 베드로와 같은 위대한 제자는 될 수 없을지 모른다. 하지만 안드레와 같이 한 사람을 주님께로 인도할 수 있다.

19-3. 세계를 향한 비전

지금은 전 세계를 향해 퍼져있는 복음이지만 예수님이 이 땅에서 본격적으로 복음을 전하신 것은 공생애 기간인 딱 3년이다. 그러나 예수님은 3년 동안 이스라엘뿐 아니라 세계를 향한 확실한 비전을 가지고 계셨다.

예수님은 제자 삼는 일을 통해 복음을 예루살렘이 아닌, 이스라엘이 아닌, 모든 족속에게 전파하라고 명령하셨다. 세계 비전은 하나님이 품으셨던 비전이셨고, 예수님이 품으셨던 비전이며, 그의 제자들과 바울도 동일하게 가졌던 비전이다. 비전은 누구라도 믿음으로 품으면 하나님께서 자라게 하신다. 비록 지금 당장은 세계를 향한 비전을 품기에 내가 너무 초라해 보일지 모른다. 상황도 여의치 않을지 모른다. 그러나 하나님의 방법을 나의 생각으로 제한하지 말고 주시는 마음에 순종하며 선교 헌금으로, 또한 선교사님들을 위한 기도로, 짧은 단기 선교를 통해서라도 세계를 향한 전도의 비전을 품어야 한다. 이 비전은 내가 품지만 하나님이 키우시고 책임져주실 복음의 비전이다.

내가 만난 예수님

내가 만난 예수님

앞서 내가 복음을 들은 때와 믿음의 순간을 짧게 나눴지만 복음은 내가 만난 예수님을 가감 없이 전하는 것이다. 그래서 책의 마지막 장을 통해서는 내가 살아오면서 예수님을 만나고, 동행한 이야기를 함께 나누고자 한다. 비록 무엇 하나 내세울 것 없고, 거창한 사역을 하지도 않은 나이지만 이런 사람에게도 예수님은 찾아오시고, 또 전도라는 하나님의 지상명령에 동참할 수 있게 사용하신다는 것을 함께 깨닫고 더 용기를 내고, 하나님을 알아가고자 하는 열망을 품게 되기를 소망한다.

주님을 처음 만나며

나는 경북 봉화군에 있는 춘양실업중학교를 다니며 성경을 처음 접했다. 춘양실업중학교는 장로님이 설립한 학교로 채플도 있었고, 성경을 배우는 시간도 있었다. 나는 단순히 재밌는 이야기로 성경을 접했고 배운 내용을 나름대로 기억해 집에 와서 다시 어머니께 전달해드리기도 했다.

우리 중학교 교훈인 "하나님을 공경하자, 배워 실천에 옮기는 사람이 되자"는 당시에는 그냥 지나치던 글귀였지만 이후 신앙생활을 할 때 큰 도움이 되는 자양분이 됐다.

중학교 예배시간
춘양장로교회 예배당(1970)

중학교를 졸업하고 고향을 떠나 인천에서 자취를 했을 때는 어머님이 때때로 편지를 보내주셨다. 나를 향한 사랑과 신앙의 교훈이 담긴 그 편지는 내가 엇나가는 행동을 하려고 했을 때마다 다시 제자리로 돌아오게 이끌어주는 힘이 되었다. 고향에서 중학교 때의 성경은 학과목으로 참여했지만 타지에서 혼자 있던 나에게 교회를 나가는 건 아무 의미 없는 행위였다. 서울에서 학교를 다니던 중학교 동창들을 통해 가끔씩 교회 이야기를 들었지만 그뿐이었다. 그러나 친구들의 격려는 당시 여건으로 대학진학을 할 수 없어 삶에 흥미를 잃어버린 나에게 큰 힘이 됐다. 이후 부산에서 공장을 다니다가 다시 공부를 했고 육군3사관학교에 들어갔다.

학교 영내에 종교시설이 있었으며 당시에는 1개의 종교를 반드시 가지도록 되어 있었는데 나는 자연스럽게 기독교를 선택했다. 아마 중학교 때 들은 성경이야기, 그리고 나를 포기하지 않고 종종 교회 이야기를 들려줬던 동창의 영향 때문이라 생각된다. 예수님을 인격적으로 만나지는 못했지만 당시 충성대교회 군목이었던 김순권 목사님이 써주시는 시가 담긴 주보를 친구에게 보내기도 하고, 훈육대의 기독교 대표 생도를 할 정도로 종교 활동에는 적극 참여했다.

2학년이 되고 나서 어느 날, 박창용 교수님이 성경공부 희망자를 모집했다. 평소 성경에 대해 궁금했던 나는 알아나보자 하는 마음에 몇몇 동기들과 참여를 했고 거기서 네비게이토 선교회에 대하여 듣게 됐다. 박 교수님은 임관 후 병과교육을 받으러 광주에 갔을 때 광주지역 선교회 형제들과 만나게 이어주셨다. 생전 처음 보는 우리를 마치 친형제처럼 친절히 반겨주던 형제들의 모습은 매우 인상적이었다.

추운 겨울 극한 유격훈련 중에는 형제들이 건네준 성경구절을 암송하며 하나님을 찾았지만 일과가 끝나면 금남로로 나아가 젊음을 이야기하며 즐거움을 찾아다녔다. 교회에 다니고 성경을 배우지만 아직 내가 그리스도인이라는 생각은 들지 않았고 예수님이 내 삶에 계시다는 생각도 들지 않았기 때문이다. 또 한창 신앙에 대해 궁금한 점이 많아 성경공부 때마다 질문을 많이 했다. 특별히 격려차 광주에 찾아오신 대구지역 목사님과 박창용 교수님께 우리 중 몇몇 동기들은 수많은 질문을 하였고 모든 질문에 최대한 쉽게 대답을 해주셨다.

광주 형제들 숙소에서 동료들과 신앙질문을 가지며(1980)

그리다 이느 겨울 형제들이 지내는 아파트에 초청을 받아 즐거운 시간을 보내고 다음 날 아침, 목포에서 은행에 근무하시는 형제님이 오셔서 복음을 들을 것을 권유했다. 세례도 받고 성경공부에 참여도 하였지만 복음을 들어 보겠느냐는 단도직입적인 권유를 받은 것은 처음이었다. 나는 '예'라고 대답하였고 '다리예화'로 설명을 들었다. 그리고 마음에 감동이 있어 예수님을 영접하는 기도를 따라했다. 기도를 하고 난 뒤 눈을 떴을 때 내 삶이 조금 더 환해진 것 같은 기분을 느꼈다. 3개월의 짧은 기간 중 새로운 형제들과의 만남과 임지로 가기 전 부산에서 열린 수련회에 참석했던 특별한 경험들은 그 후에도 긴 여운으로 마음속에 남았다.

이후 강원도 화천으로 첫 부임을 가며 새로운 곳에서 믿음 생활도 열심히 하려고 마음을 먹었다. 그러나 연일 계속되는 교육훈련과 모임들로 새롭게 다짐한 믿음 생활도 쉽지가 않았다. 때로 부대의 목사님을 찾아갔는데, 목사님은 나의 고민들을 주의 깊게 들어주시며 그때마다 좋은 말씀을 전해주셨다. 지금 생각해보면 신앙의 위기 때마다 부족한 나의 말을 들어주시고, 좋은 말씀으로 씨를 뿌려준 믿음의 선배님들 덕분에 내가 많이 엇나가지 않고 빠르게 하나님 곁으로 다시 돌아올 수 있었던 것 같다.

인천에서 고교시절 종종 찾아왔던 친구는 그 후 친구에서 연인으로, 연인에서 평생의 반려자가 되었다. 유서깊은 신앙인의 집안에서 자란 아내와 가정을 꾸리며 그동안 정체됐던 신앙생활도 큰 변화가 있었다. 군인교회를 나가면서도 주초문제, 주일성수, 경박한 언어와 같이 많은 문제들이 내 삶에 자리 잡고 있었다. 아내와 사귀던 때에는 이런 것들이 큰 문제가 되지 않았지만 일상을 공유하는 부부가 되고 나서는 큰 걸림돌로 여겨졌다. 그러나 인내심을 가지고 내가 스스로 변하기를 기다리던 아내의 사랑과, 부임하는 곳마다 교회에서 열심히 봉사하던 아내의 헌신을 보고 나도 진정한 신앙생활에 대해서 진지한 고민을 하게 됐다.

군인교회와 부대 내의 종교행사에 참석하는 나였지만 여전히 마음속에서는 무언가 부족하다는 생각을 끊임없이 하고 있었다. 이런 의문들을 해소하기 위해 나는 많은 사람들과 대화를 하고, 종교서적을 사서 읽기도 하며 나름의 노력들을 했다. 전방에서 근무를 할때는 야외에서 숙영하며 훈련하는 시간이 많은데, 그때마다 하나님과 예수님에 대해서 깊은 생각을 했다. 성경에 나오는 내용들을 진짜 믿어보려고 해도 이성과 과학에 반하는 것 같은 그 엄청난 사건들을 진짜로 믿을 수 있을지 엄두가 나지 않았다.

강원도 원통 중대 진지에서(1986)

나는 전역을 하여 사회에서 하나님을 좀 더 잘 알아가며 새로운 일을 찾기로 했다. 인제 쌍호군인교회(조재진 군목)에서 마지막 전역 예배를 드렸다. 전역 전 직업교육을 받기 위하여 1987년 여름, 부산에 도착해 곧 육군 3사관학교 충성대교회 군목이셨던 변희관 목사님이 계시는 네비게이토 선교회를 찾아갔다. 목사님의 환영을 맞으며 우리 부부는 전역 군인들이 많이 있는 팀에 속해 새로운 신앙생활을 시작했다. 믿음의 선배들은 비슷한 나의 처지를 이미 아는 듯 하나같이 내가 처한 상황을 이해해주고 보듬어주셨다. 그리고 복음을 차근차근 다시 설명해주고, 암송하면 좋은 말씀들을 추천해줬다. 단체 교육이 끝나면 수준에 맞게 소그룹으로 심도 있는 교제가 진행돼 영적인 성장에 큰 도움이 됐다. 그렇게 성경을 믿고, 구원의 확신이 생긴 나는 함께 직업 교육을 받던 군 후배에게 처음으로 전도를 했다.

감사하게도 첫 전도는 열매를 맺었고, 새로운 직장을 위해 울산으로 이사를 가기 전까지 일대일로 성경공부를 하며 전도의 놀라운 기쁨을 누리는 감사한 경험을 했다. 이후에 나는 직장업무에 최선을 다하며 또한 힘이 닿는 대로 전도하며 훈련하는 일에 매진했다. 실패도 있고 성공도 있었지만 "제자는 태어나는 것이 아니라 훈련으로 된다"라는 말이 무엇인지 삶으로 깨달을 수 있었다. 다양한 모습으로 나를 찾아주신 주님은 이제 믿지 않는 사람들을 찾는 사람이 되어 주님을 나타내시기를 바라심을 알 수 있었다.

교회 생활 이야기

선교회 중심으로 시작된 나의 신앙생활은 1998년 울산감리교회에 출석하며 새로운 영역을 경험했다. 자녀들과 함께 같은 교회에 다니며 교회의 정식 성경공부와 모든 행사에도 빠짐없이 참석하며 선교회와는 사뭇 다른 교회생활에도 적응하기 위해 노력했다.

담임목사님이 진행하는 TBC 성서서당과, 예배 때마다 선포되는 말씀들을 집중해서 들었고, 말씀을 조금 더 깊이 알아가는 강해 설교는 신앙생활의 새로운 장을 열어주었다.

교회 생활에 적응이 된 뒤에 아내는 찬양대에서 헌신했고, 나는 청년부에 들어갔다. 의사였던 청년부 부장권사님은 바쁜 와중에도 청년사역자로, 의료선교사로 많은 헌신을 했고, 그분을 통해 교회 사역과 헌신에 대해 많이 배울 수 있었다. 청년리더를 양육하고 그들을 중심으로 다시 소그룹을 이끌어갈 수 있게 하는 것이 내가 맡은 사역이었다.

새롭게 오신 청년부 담당목사님이 인도하는 '북한을 위한 기도' 모임에 참여하면서는 민족통일과 북한선교에 대하여 새로운 사실들을 배우며 비전을 품을 수 있었다. 강원도 고성과 경기도 파주 통일전망대를 찾아 청년들과 함께 기도하며 분단된 현실의 아픔을 청년들과 함께 느끼며 개인을 향한 비전과 더불어 세계를 향한 비전을 마음에 품게 됐다.

파주 임진강 철교에서 청년부 기도회 멤버들과(2000)

그리고 2002년 여름 국제구호개발 NGO의 'Good Neighbors'에서 주관하는 프로그램을 통해 북한을 다녀올 수 있는 기회가 생겼다. 지원사업장인 농장과 병원모니터와 함께 몇 곳의 방문지도 있었는데 봉수교회 예배 참석을 돌아봤다.

평양 만경대구역에 있는 봉수교회는 1988년에 건립되었다. 그리 크지 않은 내부는 성도들로 만석이었고 찬양, 기도, 설교로 이어지는 예배 순서가 우리와 비슷했다. 하지만 봉수교회는 체제선전용으로 운영하는 교회로 일반 북한사람들은 예배에 참석할 수가 없다. 일반인의 종교 활동이 금지되어 있기 때문이다. 그날 그곳에 많은 사람들이 어떻게 참석했는지는 알 수 없지만 누구든지 말씀을 듣게 된다면 감화되는 사람이 나올 것이라 생각된다. 언젠가 북녘 땅에도 말씀이 전파되고 하나님의 복음의 씨앗이 심겨지는 놀라운 역사가 일어나게 될 줄을 믿고, 또 그때를 위해 우리 모두가 합심해 기도해야 할 줄로 믿는다.

"누가 우리를 그리스도의 사랑에서 끊으리요 환난이나 곤고나 박해나 기근이나 적신이나 위험이나 칼이라 기록된바 우리가 종일 주를 위하여 죽임을 당하게 되며 도살 당할 양 같이 여김을 받았나이다 함과 같으니라 그러나 이 모든 일에 우리를 사랑하시는 이로 말미암아 우리가 넉넉히 이기느니라 내가 확신하노니 사망이나 생명이나 천사들이나 권세자들이나 현재 일이나 장래 일이나 능력이나 높음이나 깊음이나 다른 어떤 피조물이라도 우리를 우리 주 그리스도 예수 안에 있는 하나님의 사랑에서 끊을 수 없으리라" - 로마서 8:35-39

봉수교회 예배 장면(2002)

이후에는 아내와 함께 교회에서 지정해준 가정을 방문해 돕는 일대일 양육 사역을 시작했다. 그리고 새가족 확신반 교재가 만들어져 우리 부부는 새가족 기초과정을 돕는 사역을 시작했다. 교회의 도움으로 평신도가 사역할 수 있는 환경을 만들어주므로 나를 비롯한 많은 평신도들은 교회에서 진행하는 프로그램을 통해 신앙의 기초를 가르치고 영적인 성장이 바르게 되는 일에 더욱더 헌신하고 있다.

교회의 모든 부서는 몸의 지체와 같이 모두가 소중하다. 우리 교회에서는 사랑의 한 끼 봉사, 호스피스 봉사, 애리원목욕봉사 등 많은 봉사가 이루어진다. 나는 아내 신교회에서 봉사하는 시각장애인 봉사에 지역업체 S-OIL 신우회와 참석하며 하나님의 사랑이 지역에 전파되고, 많은 사람들이 복음에 마음의 문을 여는 사건들이 일어나는 것을 목격할 수 있었다. 예수님이 피 흘려 세우신 교회가 다시 이웃사랑을 실천하며 복음을 전하는 모습은 내게 정말 큰 감동을 주었다. 예수님은 구제를 은밀히 함으로 하나님께 영광을 돌려야 한다고 말씀하셨다. 선행의 목적이 내 자랑이나, 칭찬이 아니라 하나님을 기쁘시게 하는 일이라는 목적성을 가져야 한다는 말씀이라고 생각한다.

우리 교회는 매년 봄과 가을에 생명축제를 통해 전도를 한다. 물론 평소에도 양육을 하며 일상에서 전도를 하려고 노력하지만 이런 행사를 통해 전도 대상자를 떠올리며 복음을 전하는 일에 얼마나 열심인지 돌아보게 된다. 일상에서의 전도도 중요하지만 교회 행사를 통해 한 영혼을 품고, 새롭게 기도하며 전도의 기회를 가지려고 노력하는 것도 매우 중요하다.

교회에서 새가족환영축제를 할 때마다 나는 전도 대상자 카드에 한 명 한 명 이름을 적으며 먼저 마음으로 품고 기도한다. 교회에 한 번이라도 나와야 말씀을 듣고, 영접의 기회를 얻을 수 있기 때문에 여러 방법을 통해 연락을 하며 초청한다. 이렇게 교회에 나온다 하더라도 정착을 하거나 예수님을 영접하는 경우는 매우 적다. 그러나 언제 있을지 모르는 회심이기에 기회가 닿는 대로 기도하고, 전도하고, 사랑하는 것이 제자인 우리가 마땅히 해야 할 일이다.

함께하는 질문과 생활 속 신앙 이야기

상대성이론을 발견한 아인슈타인은 "질문을 제대로 하는 사람은 정답을 절반 이상 찾은 것이나 다름없다"라는 말을 했다. 좋은 질문을 할 줄 아는 사람은 정답을 발견했을 때 삶을 변화시킬 능력을 가진 능동적인 사람이다. 도저히 이해할 수 없는 예수님의 십자가 사건을 믿기 위해서든, 믿고 나서든 수많은 질문들이 떠오르는 것이 사실이다. 때때로 교역자나, 믿음의 선배들 역시 책을 통해 질문의 해답을 얻었음에도 석연치 않을 때가 있을 것이다. 그러나 진리는 질문과 의심을 두려워하지 않는다. 마음의 의구심이 풀릴 때까지 기도하는 마음으로 진리를 구하다 보면 반드시 내가 해야 할 행동이 무엇이고 믿어야 할 것이 무엇인지 하나님이 성령님을 통해 깨닫게 하실 것이다. 여러분의 믿음의 여정에 자그마한 도움이라도 되고자 하는 마음으로 그동안 초신자들을 양육하며, 생활 속에서 많이 받았던 질문 몇 가지와 그에 대한 대답들을 소개하며 일에 대한 나의 생각을 나누며 이 책을 마치고자 한다.

● 질문 1 / 교회의 잘못된 모습과 성도들의 위선을 보고도 교회에 나가야 하나?

이 문제에 대해서는 먼저 사과를 할 수밖에 없다. 하나님의 말씀대로 살지 못하고 변하지 못하는 성도들이 가장 큰 문제이기 때문이다. 하지만 성도들이 따르지 못한다고 지침을 내리는 성경까지 잘못된 것은 아니다. 그리스도인들에 대한 세상의 기대가 높은 것도 이런 주장에 한몫한다.

나 역시 교회를 오래 다니면서도 진정한 그리스도인이었다고는 말하기 힘든 시절이 길었다. 정말로 말씀을 지키려고 하고, 이웃을 위해 기도하는 사람이 되기까지는 오랜 시간과 결단, 그리고 질문들을 해소하는 과정이 필요했다. 이런 변명이 잘못에 대한 정당화가 돼서는 안 되겠지만 만약 성경이 믿어지고 예수님을 영접하고 싶지만 성도들과 교회의 잘못된 모습이 마음에 걸려서 문턱을 넘지 못한다면 결코 믿어서 후회하지 않을 것임을 강조하고 싶다.

걸음마를 갓 배운 아기는 하루에 수십 번씩 넘어진다. 다리에 힘이 오르고 성인이 되면 넘어지는 경우는 거의 없지만 그렇다고 전혀 넘어지지 않는 것은 아니다. 사람과 교회의 잘못은 분명히 잘못된 모습이고 고쳐야 할 문제들이지만 그렇다고 해서 복음을 거부하거나, 내 신앙을 방치할 명분은 되지 않는다.

● 질문 2 / 성경은 비과학적이며 비이성적이라 믿기가 어렵다.

다 알아야 믿을 수 있는 것이 있는 반면 일단 믿고 나서 보이는 경우도 분명히 있다. 비행기가 처음 생겼을 때를 생각해보자, 누군가 유체역학과 베르누이의 법칙을 열심히 설명하며 "그러므로 저 비행기는 날아서 지구 반대편에 갈 수 있습니다. 그러니 안심하고 타십시오"라고 말한다면 당신은 비행기에 탈 수 있겠는가?

그러나 짧은 거리라도 누군가 비행기 타는 모습을 본다면 당신도 안심하고 탈 수 있을 것이다. 때로는 신앙도 이와 비슷하다.

당신이 만약 다른 종교나 삶의 방식에서 진정한 평안을 얻고 구원의 방법을 찾았다면 나는 그 생각을 존중한다. 그러나 마음속에 해결할 수 없는 불안과 죄에 대한 근심이 있다면, 다른 종교와 도덕적인 삶으로부터 진정으로 해방되지 않았다면 성경을 펼치고 일단 예수님을 믿어보는 것이 절대로 후회하지 않을 방법이라는 것을 꼭 말해주고 싶다.

●질문 3 / 교회 다니면 정말 복 받습니까?

두말할 필요도 없이 큰 복을 받는다. 그러나 기독교에서 말하는 복은 세상에서의 복만을 말하지 않는다. 성경에서는 하나님께 복을 받아 거부가 된 사람도 있고, 부를 버리고 복음을 전하다 일평생 살다 간 사람도 있다. 그러나 그 상황 자체가 그들에게는 더할 수 없는 하나님의 축복이었다.

믿음을 통해 얻을 수 있는 복은 로또 복권처럼 확정된 세상에서의 복이 아니다. 하나님의 은혜로 죄의 문제가 해결된 것, 평생 하나님의 인도를 받으며 내 삶에 임하는 주님의 손길을 느끼는 것이 진정한 성경이 말하는 축복이다.

●질문 4 / 믿음이 좋다는 것은 어떤 것입니까?

사실 믿음이라는 것은 사람이 판단하기 어렵다. 술을 안 마신다고, 교회 출석을 빠지지 않는다고, 성경을 많이 안다고 믿음이 좋은 것은 아니기 때문이다. 규정과 제도가 아니라 하나님의 사랑이 동기가 되어 스스로 지켜가는 것은 멋진 삶이다. 생활의 법규나 흡연과 음주도 같은 것이라 생각한다. 어떤 사람의 믿음이 좋아 보이는 행동들이 진정으로 하나님을 위한 것인지, 사람의 인정을 받기 위한 것인지는 오직 하나님만 아신다. 하나님은 외모가 아닌 중심을 보시기 때문이다. 그리고 교회에서의 모습뿐 아니라 예배가 끝난 뒤 세상에서의 삶도 함께 봐야 한다. 그러나 더 중요한 것은 다른 사람의 믿음이 좋은지 아닌지는 우리가 판단할 사항이 아니며, 신경 쓸 사항도 아니라는 사실이다.

"갓난 아기들 같이 순전하고 신령한 젖을 사모하라 이는 그로 말미암아 너희로 구원에 이르도록 자라게 하려 함이라 너희도 산 돌 같이 신령한 집으로 세워지고 예수 그리스도로 말미암아 하나님이 기쁘게 받으실 신령한 제사를 드릴 거룩한 제사장이 될지니라" – 베드로 전서 2:2,5

나는 교회에서 봉사하는 일은 주님의 일이지만 세상 속에서 하는 일까지 주님의 일이라고 생각하지는 못했다. 그러나 성경을 보면 볼수록 이것들은 절대로 분리될 수 없다는 것을 알게 됐다.

오래전 크리스천 소그룹 모임에서 함께 읽고 독서 토의를 가졌던 제리 화이트와 메리 화이트가 지은 '당신의 직업 생존이냐 만족이냐?'는 일을 탁월히 할 때 만족을 누릴 수 있음을 배우며 다양한 환경에서 일하고 있는 직장인들에게 실제적인 지침이 되어 주었다.

일에 대한 구약성서의 관점에서는

●누구나 일해야 한다.

"게으른 자여 개미에게 가서 그가 하는 것을 보고 지혜를 얻으라 개미는 두령도 없고 감독자도 없고 통치자도 없으되 먹을 것을 여름 동안에 예비하며 추수 때에 양식을 모으느니라"(잠언 6:6-8)

●열심히 일하는 것은 선하다.

"자기의 일을 게을리하는 자는 패가하는 자의 형제니라"(잠언 18:9)

●일은 삶의 필수적인 부분이다.

"여호와 하나님이 그 사람을 이끌어 에덴 동산에 두어 그것을 경작하며 지키게 하시고"(창세기 2:15)

●일은 만족을 준다는 교훈을 얻을 수 있었다.

"노동자는 먹는 것이 많든지 적든지 잠을 달게 자거니와 부자는 그 부요함 때문에 자지 못하느니라"(전도서 5:12)

"그러므로 나는 사람이 자기 일에 즐거워하는 것보다 더 나은 것이 없음을 보았나니 이는 그것이 그의 몫이기 때문이라 아, 그의 뒤에 일어날 일이 무엇인지를 보게 하려고 그를 도로 데리고 올 자가 누구이랴"(전도서 3:22)

그리고 신약성서에 추가된 일에 대한 지침으로

● 일하기 싫으면 먹지도 말게 하라.

"우리가 너희와 함께 있을 때에도 너희에게 명하기를 누구든지 일하기 싫어하거든 먹지도 말게 하라 하였더니" – 데살로니가후서 3:10

● 가족들을 부양하라.

"누구든지 자기 친족 특히 자기 가족을 돌보지 아니하면 믿음을 배반한 자요 불신자보다 더 악한 자니라" – 디모데전서 5:8

● 고용주에게 순종하고 복종하는 직장인이 되라.

"종들아 모든 일에 육신의 상전들에게 순종하되 사람을 기쁘게 하는 자와 같이 눈가림만 하지 말고 오직 주를 두려워하여 성실한 마음으로 하라" – 골로새서 3:22

● 의롭고 공평한 고용주가 되라.

"상전들아 의와 공평을 종들에게 베풀지니 너희에게도 하늘에 상전이 계심을 알지어다" – 골로새서 4:1

● 탁월한 수준으로 일을 하라.

"무슨 일을 하든지 마음을 다하여 주께 하듯 하고 사람에게 하듯 하지 말라" – 골로새서 3:23

성경은 교회 내의 삶이 아니라, 나의 모든 삶이 변화될 것을 요구한다. 하나님께서 우리에게 주신 달란트로 최선을 다한다면 비록 생계를 위한 일이지만 그 일을 통해 하나님께도 영광이 되는 것이다. 이는 가정에서도, 어떤 모임에서도 마찬가지다. 이 원리를 깨달은 뒤 나는 내 삶의 모든 행동에 의미가 있음을 깨닫게 됐고 어디서나 그리스도인의 긍지를 잃지 않게 됐다. 내가 만난 예수님은 내 인생에 영원하신 생명의 주님이시다.

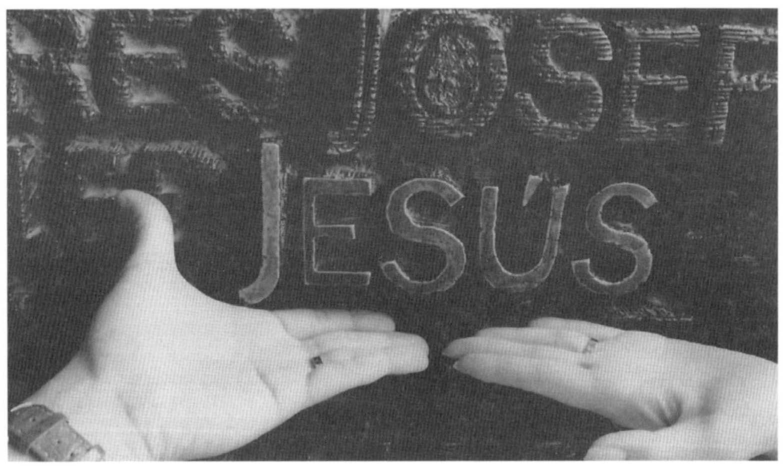

You are forever in my life

참고 서적

- 목적이 이끄는 삶 - 릭 워렌 저, 디모데(2003)
- 왜 하나님은 악을 허용하시는가? - 빌더 슈미트 저, IVP(1989)
- 전도폭발 - 한국 전도폭발 출판부(2001)
- TBC성서연구 - 교육목회협의회 출판부(1990)
- 성경의 맥을 잡아라 - 문봉주 저, 두란노(2007)
- 간추린 100분 성경 - Rev. Dr. Michael Hinton 저, 대가(2009)
- 제자훈련과정 - 네비게이토출판사(1986)

감사의 마음을!

이제 책을 맺으며 잠시 지난 시간들을 돌아본다.

모두가 감사뿐이다. 중학시절 하나님을 만난 환경에 감사하며 육군 3사관 학교 충성대교회, 근무지 군인교회 목회자분들께 감사드리며 젊은 시절 선교회로 불러주신 교수님, 주님의 사랑을 알게 해 준 광주지역 형제들께 감사드린다.

새로운 믿음의 시작에 많은 영향을 주신 지금은 '세계로 선교회' 초대회장 변희관 목사님과 부산에서 울산에서 믿음의 도움을 주신 선교회 신우들께 감사드린다.

울산감리교회에서 양육사역 임명은 정해진 교제의 범위이지만 다양한 새 가족 분들의 질문에 답하기 위해서도 더 배우고 공부해야 하였으며 이러한 환경은 책을 정리할 수 있는 바탕이 되어 주었다. 함께하는 새 가족부와 전도대 그리고 모든 교회 성도들께 감사를 드리며, 평신도들을 교육하고 훈련하여 사역의 기회를 주신 교역자님께 감사드린다.

바쁘신 중에도 원고를 읽고 좋은 의견을 더하여 추천의 글로 격려하여 주신 울산감리교회 최인하 담임목사님께 감사드린다.

사회생활 속에서 지역군(軍)선교를 위하여 함께 봉사하는 '한국 예비역기독군인회연합회 울산지회(이하 지회)'의 다양한 군선교 활동 중 병영독서문화운동과 함께 복음선교에 작은 힘이 되려는 염원이 이 책을 끝까지 쓸 수 있는 힘이 되어주었다. 책을 위하여 관심과 기도로 성원하여 주신 회원들께 감사드린다. 그리고 오직 복음을 위하여 새벽을 깨워 전파 선교의 사명을 감당하시는 울산극동방송 운영위원회와 마음을 함께 할 수 있음에 감사드린다.

나의 체험의 글이지만 출간에는 여전히 부담이 되었기에 신앙의 선배 분들께 나의 마음을 나눌 때 성원하여 주시고 기도하여 주신 '지회' 고문이시며 독서문화운동가이신 강신원 장로님, '지회' 지도목사이며 울산 '찬송하는교회' 담임이신 김정부 목사님, 울산극동방송 초대 운영위원장이셨으며, 지금은 울산극동포럼 회장이신 오차출 장로님, 울산 '기윤실' 공동대표시며 '우리들 교회' 담임하시는 이창희 목사님께 감사드린다.

나는 주님을 아프게 하였지만 주님의 기쁨이 되어준 아내의 간절한 기도 넉분에 지금의 내가 있음을 믿는다. 신앙의 길에서 언제나 나보다 더 좋은 생각으로 함께해준 아내 김옥련 권사와 하나님이 우리 가정에 주신, 믿음 안에서 우리의 자랑인 자녀 최은혜, 최제현에게 고마움을 전한다.

무명한 직장인 평신도의 글을 보며, 우리나라에 일반 성도(평신

도)들의 사역이 활발해야 한다면서, 내 글을 세심히 검토, 보완하
며 다듬어 주셔서 출간을 도와주신 나침반출판사 김용호 대표님
과 이성은님 그리고 편집부 직원들께 감사드린다.

　죄인이었던 나를 찾아주시고 하나님의 자녀로 삼아 주셔서 새
로운 삶으로 인도하여 주시고 언제까지나 행복한 동행이 되어주
시는 하나님께 이 모든 영광을 올려 드린다.

다시 오실 주님을 기다리며

최하중

망망한 바다 한가운데서 배 한 척이 침몰하게 되었습니다.
모두들 구명보트에 옮겨 탔지만 한 사람이 보이지 않았습니다.
절박한 표정으로 안절부절 못하던 성난 무리 앞에 급히 달려 나온 그 선원이
꼭 쥐고 있던 손바닥을 펴 보이며 말했습니다.
"모두들 나침반을 잊고 나왔기에… "
분명, 나침반이 없었다면 그들은 끝없이 바다 위를 표류할 수 밖에 없을 것입니다.

우리는 삶의 바다를 항해하는 모든 이들을 위하여
그 나침반의 역할을 하고 싶습니다.
우리를 구원하신 위대한 주 예수 그리스도를 널리 전하고 싶습니다.

"하나님은 모든 사람이 구원을 받으며
진리를 아는 데에 이르기를 원하시느니라"
(디모데전서 2장 4절)

하나님과 행복한 동행

지은이 | 최하중
발행인 | 김용호
발행처 | 나침반출판사

제1판 발행 | 2019년 3월 25일

등 록 | 1980년 3월 18일 / 세 2-32호
본 사 | 07547 서울특별시 강서구 양천로 583
　　　　블루나인 비즈니스센터 B동 1607호
전 화 | 본사 (02) 2279-6321 / 영업부 (031) 932-3205
팩 스 | 본사 (02) 2275-6003 / 영업부 (031) 932-3207
홈 피 | www.nabook.net
이 멜 | nabook@korea.com / nabook@nabook.net

ISBN 978-89-318-1573-3
책번호 나-1031

값은 뒷표지에 있습니다.